职业教育农产品系列规划教材

农产品营销

主　编　刘厚钧　苏会侠　张晓丽

西北工业大学出版社
西　安

图书在版编目（CIP）数据

农产品营销 / 刘厚钧，苏会侠，张晓丽主编. —西安：西北工业大学出版社，2019.8（2022.10 重印）
ISBN 978-7-5612-6521-5

Ⅰ. ①农… Ⅱ. ①刘… ②苏… ③张… Ⅲ. ①农产品－市场营销学 Ⅳ. ①F762

中国版本图书馆CIP数据核字（2019）第152597号

NONGCHANPIN YINGXIAO

农 产 品 营 销

责任编辑：付高明	策划编辑：付高明
责任校对：万灵芝	装帧设计：李　飞

出版发行：西北工业大学出版社
通信地址：西安市友谊西路 127 号　　　邮编：710072
电　　话：(029) 88491757，88493844
网　　址：www.nwpup.com
印刷　者：西安日报社印务中心
开　　本：787 mm×1 092 mm　　　1/16
印　　张：9.25
字　　数：161 千字
版　　次：2019 年 8 月第 1 版　　　2022 年 10 月第 9 次印刷
定　　价：28.00 元

如有印装问题请与出版社联系调换

前　言

"农产品营销"课程是由坐落在中国农产品名城、全国唯一 一所以食品类为特色的、荣获"中国十大职业教育品牌"的漯河食品职业学院的农产品营销教学团队，按照"专业共建、课程共担、基地共享、教材共编和师资共训"的模式进行校企合作，改革创新而开发的具有鲜明农产品行业特色的品牌课程。我国是农产品生产和消费的大国，随着人们消费水平的提高，对农产品产业的发展提出了更多的需求和更高的要求。当前，在"互联网+"的新形势下，众多农产品企业已经认识到，"互联网+"带来的既是机遇又是挑战。农产品企业应该顺应"互联网+"思维的潮流，不断变革旧的管理理念与管理方式，才能使农产品企业在互联网的大潮中不断前进。农产品营销理论已成为指导农产品企业创新的有效武器。因此，围绕农产品企业的具体情况开展理论联系实际的教学和研究显得越来越重要。学习农产品营销，培养高素质的农产品营销专业人才，对于迅速提高农产品企业的营销水平具有十分重要的意义。

1. 课程定位的创新

"农产品营销"是农产品企业生存和发展的经营之道、生财之道，具有极强的职业性、技能性和实践性。因此，农产品营销课程的培养理念是"把学生培养成能够适应农产品营销岗位工作需要的有综合能力的创新型营销职业人"，要贯彻落实农产品营销课程的培养理念，把传统的营销学知识导向的学科型课程模式，转变为职业教育工作过程导向的技能型课程模式。把传统的作为基础课的"农产品营销"定位为专业核心技能课，进而确定"农产品营销"课程整体设计的内容，包括课程定位、课程培养目标、课程培养内容、培养模式、课堂形式、学生学习角色定位、课程考核以及课时安排等，从根本上改变重知识、轻能力，重书本、轻技能，重课堂讲授、轻实践教学的弊端，突出职业教育职业性、开放性和实践性的特点，培养出有用之才，为实现学生"零距离上岗"打下良好基础。

2. 培养内容和培养模式的创新

为了体现职业教育工作过程导向的技能型课程模式，同时考虑到农产品营销知识的整体性、逻辑性和通俗易懂。把农产品营销活动归纳为发现（创造）农产品消费需求和满足农产品消费需求两个环节。以此，课程内容分为二个模块。同时，把中国式市场营销《生意经》的二部曲"找生意"即寻找生意,"做生意"即经营生意,与农产品营销两个环节的内容有机的融合在一起,使学生更容易理解和掌握农产品营销。

经过多年的教学改革,创建了"工学结合团队项目任务化"实践培养模式(营销能力目标检测),改变了传统的由教师依据每章内容主观设计实训内容和方式的做法,以及课后主观设计实训内容和方式,采取课前按照管理岗位工作内容和工作任务整体设计实训内容和方式,与学习内容同步进行;改变了传统实训方式"空对空"(虚)缺乏针对性、实践性的做法。学生针对客观存在的、活生生的农产品企业进行分析,变"虚"为"实";采用团队化运作、项目管理的方式,培养学生的团队意识。因此,培养模式突出了实战性,体现了职业性、实践性、技能性,使学生在真实的农产品营销环境中体验、实践农产品营销活动,有利于学生职业能力和社会能力的培养。

3. 编写方法的创新

(1)开篇增加了绪论,即农产品营销课程整体设计。第一节课首先介绍课程整体设计,解决学生"为什么学""学什么""如何学"的问题,使学生处于"明确""清晰"的学习状态。

(2)采用项目、任务编写体例。设计9个项目,每个项目确定项目目标,包括营销知识目标和营销能力目标,使学生更容易理解和掌握农产品营销内容的整体性、逻辑性和统一性。

(3)本书是与河南三剑客农业股份有限公司校企合作共建的成果。三剑客公司董事长李益民参与了课程开发和教材的编写。

本书由刘厚钧、苏会侠、张晓丽担任主编。李益民、李雁函、谭利清担任副主编。刘厚钧负责教材的整体设计,即编写思路、编写内容、编写方法的规划、设计,以及修改定稿。苏会侠、张晓丽参与了教材编写内容的设计与修改。苏会侠编写项目3,项目6;张晓丽编写项目2,项目9;李益民编写项目5;李雁函编写项目7,项目8;谭利清编写项目1,项目4。

编写本书曾参阅了相关文献、资料,在此,谨向其作者深表谢意。

本书可作为职业院校和职业培训的教材,也可供相关人员自学参考。

由于笔者水平有限,书中难免会有不足之处,敬请广大读者批评指正。

刘厚钧
2018年10月25日

绪 论

为了提升对农产品营销的认识,进而提高农产品营销课程的培养质量,首先要进行课程整体设计,明确课程定位、课程培养目标、课程内容、培养模式、课堂形式、学生角色定位、课程考核以及课时安排等,解决学生"为什么学""学什么""如何学"的问题,使学生处于明确的、清晰的学习状态,便于学生积极、主动地配合教师完成学习任务,同时有利于学生自我培养、实现课程的培养目标。

1. 课程定位(解决为什么学习农产品营销的问题)

农产品营销是从整体上对农产品企业营销活动的把握。通过运用农产品营销不断地发现(创造)农产品消费需求、满足农产品消费需求,能够使农产品企业从无到有、从小到大、由弱到强。农产品营销是农产品企业生存和发展的经营之道、生财之道。因此,学生要具有运用农产品营销知识为农产品企业创造效益的能力。

农产品营销是一门建立在消费心理学、市场调查的基础之上的应用学科,是农产品类专业的一门必修课程。

2. 课程培养目标(解决学什么的问题)

(1)营销知识学习目标。

1)掌握农产品营销的观念、营销概念和顾客让渡价值的内容。

2)掌握找农产品生意——发现(创造)农产品消费需求的相关概念(市场营销环境、市场分析、市场细分、目标市场选择、市场定位);掌握发现(创造)农产品消费需求的内容、操作程序和策略。

3)掌握做农产品生意——满足农产品消费需求的相关概念(产品策略、价格策略、分销策略、促销策略、营销组合);掌握满足农产品消费需求的内容,操作程序和策略。

(2)营销职业能力培养目标。

1)培养找农产品生意——发现(创造)农产品消费需求的能力。

2)培养做农产品生意——满足农产品消费需求的能力。

3)培养综合运用农产品营销理论和方法,对农产品企业进行诊断分析,策划、制定营销方案的能力。

4)培养农产品营销创新的能力。

（3）社会能力目标。

1）培养营销道德。

2）培养交际沟通的能力，宣讲和答辩的能力。

3）培养团队合作的能力。

4）提升自我管理、自我培养的能力。

3. 课程内容（解决学什么的问题）

依据农产品营销课程培养目标，农产品营销课程内容包括2个模块共9个项目：第1模块为找农产品生意——发现（创造）农产品消费需求。内容包括认知农产品营销、农产品营销环境分析、农产品消费者分析、农产品市场调查和农产品目标市场选择等，第2模块为做农产品生意——满足农产品消费需求。内容包括农产品产品策略、农产品定价策略、农产品分销策略和农产品促销策略等。

4. 培养模式（解决如何学的问题）

为了实现农产品营销的培养目标，农产品营销的培养模式是"教师培养+学生自我培养"和"理论+实践"，即"工学结合团队项目任务化"实践培养模式。课程教学开始前，在教师指导和学生自愿选择的基础上，学生按4~6人进行分组，组成工学结合项目团队，每个团队按照项目任务进行目标管理。每个团队民主选举队长，由队长组织团队成员进行CIS设计，确立团队理念，根据团队理念，设计队名、队旗、队歌和团队管理制度，将设计的队旗张贴在教室的墙上。每次上课时，每个团队由队长带领成员展示团队形象，朗诵队名、团队理念，合唱队歌，激励大家增强团队意识，培养学生团队意识与合作的能力。边学习，边实施工学结合团队的9个项目的任务，实现农产品营销培养目标。

5. 课堂形式（解决如何学的问题）

创新课堂形式的六形态，保证课程培养目标的实现：

理论课堂+实训课堂+线上课堂+双创课堂+社会（市场）课堂+企业课堂。

6. 学生角色定位（解决如何学的问题）

（1）学习者。学习农产品营销的内容和方法，学习分析问题和解决问题的方法。

（2）分析者。运用农产品营销理论和方法，分析农产品企业存在的营销方面的问题。

（3）解决者。运用农产品营销理论和方法，针对农产品企业营销方面存在的问题提出解决方案。

（4）提高者。具备运用农产品营销理论、策略与方法，分析问题、解决问题的能力；具备撰写、宣讲、答辩营销方案的能力；具备基本的社会能力。

7. 课程考核（解决如何学的问题）

农产品营销理论试卷考核：分值50分。

农产品营销方案考核：分值30分。

项目检测考核：分值20分。

8. 课时安排（解决如何学的问题）

总课时72学时（按18周计），具体分配如下：

项 目	教学内容	教学时数
绪论	课程整体设计	2
项目1	认知农产品营销	6
项目2	农产品营销环境分析	6
项目3	农产品消费者分析	6
项目4	农产品市场调查	6
项目5	农产品目标市场选择	6
项目6	农产品产品策略	6
项目7	农产品定价策略	6
项目8	农产品分销策略	6
项目9	农产品促销策略	6
项目考核	农产品营销方案	
宣讲、答辩、评价		16
合计		72

目 录

第1模块 找农产品生意——发现（创造）农产品消费需求

项目1 认知农产品营销

任务1 认知农产品 ·· 003

    1.1.1 认知农产品的概念 ··· 003

    1.1.2 农产品的分类 ·· 004

    1.1.3 农产品的特点 ·· 005

任务2 认知农产品营销 ·· 006

    1.2.1 认知农产品市场的概念 ·· 006

    1.2.2 认知农产品市场的特点 ·· 006

    1.2.3 认知农产品营销的概念 ·· 007

    1.2.4 认知农产品营销的特点 ·· 007

    1.2.5 认知农产品营销观念 ··· 008

任务3 认知顾客让渡价值 ·· 009

    1.3.1 认知顾客让渡价值的概念和内容 ··· 009

    1.3.2 基于顾客让渡价值的农产品营销组合策略 ····································· 010

项目2 农产品营销环境分析

任务1 宏观环境分析 ··· 015

    2.1.1 认知农产品营销宏观环境 ·· 015

        2.1.2　农产品营销宏观环境的内容 …………………………………………… 015

任务2　微观环境分析 ……………………………………………………………… 022

        2.2.1　认知农产品营销微观环境 …………………………………………… 022

        2.2.2　农产品营销微观环境的内容 ………………………………………… 022

任务3　农产品营销环境分析方法 ………………………………………………… 026

        2.3.1　认知SWOT分析法的概念 …………………………………………… 026

        2.3.2　SWOT分析法的操作程序 …………………………………………… 027

        2.3.3　运用SWOT分析法应注意的问题 …………………………………… 027

项目3　农产品消费者分析

任务1　农产品消费者需求分析 …………………………………………………… 030

        3.1.1　农产品消费者市场与农产品需求 …………………………………… 031

        3.1.2　农产品消费者需求的基本类型 ……………………………………… 031

        3.1.3　消费者购买农产品的心理动机 ……………………………………… 032

        3.1.4　基于消费者购买动机的农产品营销策略 …………………………… 035

任务2　农产品消费者购买行为模式分析 ………………………………………… 038

        3.2.1　认知农产品消费者购买行为模式的概念 …………………………… 038

项目4　农产品市场调查

任务1　农产品市场调查的内容 …………………………………………………… 042

        4.1.1　认知农产品市场调查的概念 ………………………………………… 042

        4.1.2　农产品市场调查的内容 ……………………………………………… 042

任务2　农产品市场调查的步骤和方法 …………………………………………… 043

        4.2.1　农产品市场调查的步骤 ……………………………………………… 043

        4.2.2　农产品市场调查的方法 ……………………………………………… 044

项目5　农产品目标市场选择

任务1　农产品市场细分 …………………………………………………………… 051

        5.1.1　认知农产品市场细分的概念 ………………………………………… 051

5.1.2　农产品市场细分的作用 ………………………………………… 051
　　　5.1.3　农产品市场细分的依据 ………………………………………… 052
　　　5.1.4　农产品市场细分的原则 ………………………………………… 054
　　　5.1.5　农产品市场细分的方法和步骤 ………………………………… 055

任务2　农产品目标市场选择 …………………………………………………… 056
　　　5.2.1　认知农产品目标市场的概念 …………………………………… 056
　　　5.2.2　选择农产品目标市场的条件 …………………………………… 057
　　　5.2.3　确定农产品目标市场的模式 …………………………………… 057
　　　5.2.4　农产品目标市场营销策略 ……………………………………… 058
　　　5.2.5　确定农产品目标市场策略时应考虑的因素 …………………… 059
　　　5.2.6　农产品目标市场选择的步骤 …………………………………… 060
　　　5.2.7　选择农产品目标市场必须走出"多数谬误"误区 …………… 061

任务3　农产品市场定位 ………………………………………………………… 062
　　　5.3.1　认知农产品市场定位的概念 …………………………………… 062
　　　5.3.2　农产品市场定位的方法 ………………………………………… 063
　　　5.3.3　农产品市场定位的依据 ………………………………………… 063
　　　5.3.4　农产品市场定位的步骤 ………………………………………… 064
　　　5.3.5　农产品市场定位的策略 ………………………………………… 064

第2模块　做农产品生意——满足农产品消费需求

项目6　农产品产品策略

任务1　农产品产品策略 ………………………………………………………… 072
　　　6.1.1　认知农产品整体概念 …………………………………………… 072
　　　6.1.2　农产品开发策略 ………………………………………………… 073

任务2　农产品品牌策略 ………………………………………………………… 075
　　　6.2.1　认知农产品品牌的概念与作用 ………………………………… 075
　　　6.2.2　农产品品牌策略决策 …………………………………………… 077

任务3　农产品包装策略 ………………………………………………………… 083
　　　6.3.1　认知农产品包装的概念 ………………………………………… 083

6.3.2　农产品包装的作用 …………………………………………………… 084
　　6.3.3　农产品包装设计的原则 ……………………………………………… 085
　　6.3.4　农产品包装的策略 …………………………………………………… 085

项目7　农产品定价策略

任务1　影响农产品定价的因素 ……………………………………………………… 092
　　7.1.1　农产品价格构成要素 ………………………………………………… 092
　　7.1.2　影响农产品定价的因素 ……………………………………………… 092
任务2　农产品定价方法和定价策略 ………………………………………………… 095
　　7.2.1　农产品定价的方法 …………………………………………………… 095
　　7.2.2　农产品定价策略 ……………………………………………………… 098

项目8　农产品分销策略

任务1　农产品直接销售 ……………………………………………………………… 102
　　8.1.1　认知农产品直销 ……………………………………………………… 102
　　8.1.2　农产品直销的方式 …………………………………………………… 104
任务2　农产品间接销售 ……………………………………………………………… 107
　　8.2.1　认知农产品间接销售 ………………………………………………… 107
　　8.2.2　认知农产品经纪人 …………………………………………………… 109
　　8.2.3　认知农超对接 ………………………………………………………… 110
任务3　农产品网络营销 ……………………………………………………………… 111
　　8.3.1　认知农产品网络营销 ………………………………………………… 111
　　8.3.2　无站点农产品网络营销 ……………………………………………… 112
　　8.3.3　基于自己网站的农产品网络营销 …………………………………… 114
　　8.3.4　农产品网络营销的新模式 …………………………………………… 115

项目9　农产品促销策略

任务1　农产品传统促销方式 ………………………………………………………… 118
　　9.1.1　认知农产品促销 ……………………………………………………… 118

9.1.2	人员推销	120
9.1.3	广告促销	122
9.1.4	营业推广	124
9.1.5	公共关系	127

任务2 农产品网络促销方式 … 128

- 9.2.1 认知农产品网络促销 … 128
- 9.2.2 农产品网络促销方法 … 129
- 9.2.3 农产品网络促销的实施程序 … 131

参考文献 … 133

第1模块

找农产品生意——发现（创造）农产品消费需求

项目1 认知农产品营销

项目目标

营销知识目标

理解农产品市场的概念；掌握农产品营销的概念、营销观念和顾客让渡价值的内容。

营销能力目标

能够运用农产品营销观念，进行农产品企业营销观念分析。

项目导入案例

寿光蔬菜产业控股集团——农产品经营的典范

山东寿光，以盛产蔬菜而闻名天下，是全国最大的蔬菜生产基地、交易中心和物流中心，寿光蔬菜价格指数已成为中国蔬菜市场的晴雨表。山东寿光蔬菜产业控股集团是总部坐落于中国蔬菜之乡——寿光的一家大型农业产业化企业集团，是全国首批国家级农业产业化重点龙头企业，下辖5家集团公司，总资产达50多亿元人民币。经营业务专注蔬菜全产业链的资源整合和一体化运作，涵盖蔬菜种苗研、繁、推、基地生产、精深加工、物流配送、农批市场经营、电子商务、温室工程等整个蔬菜产业领域，致力于打造中国蔬菜全产业链行业领航者。作为国内蔬菜行业的领军企业，近年来，寿光产业控股集团秉承以"带动农民增收，促进农业增效，推动农村经济发展"为目标，以为广大消费者提供最优质安全的放心农产品为企业宗旨，积极实施农业龙头企业带动战略，初步构建起了蔬菜全产业链运作的完整产业框架体系。

辩证性思考：

农产品从生产到销售过程中如何实现价值最大化？

资料来源：食品产业网

任务1 认知农产品

1.1.1 认知农产品的概念

《中华人民共和国农产品质量安全法》将农产品定义为：来源于农业的初级产品，

即在农业活动中获得的植物、动物、微生物及其产品。

世界贸易组织将农产品定义为："包括活动物与动物制品、植物产品、油脂及分解产品、食品饮料。"这个定义较为宽泛，与我国国情存在一定差异。

依据我国农产品市场生产经营活动的特性，可以这样理解农产品的概念：农产品是指在农业活动中获得的植物、动物、微生物的初级产品，以及经过清洗、分拣、干燥、去壳、切割、分级、包装、冷冻等粗加工，但未改变其基本自然性状和化学性质的初级加工产品。

1.1.2 农产品的分类

按照传统习惯一般把农产品划分为：粮油、果蔬及花卉、畜禽产品、水产品、林产品等其他农副产品。

1. 粮油

谷类、豆类、油料及其初加工品统称为粮油。粮油是农产品中十分重要的一类，直接关系到国计民生。粮油不仅是人体营养和能量的主要来源，也是轻工业的主要原料，还是畜牧业的主要饲料。

在我国，粮食作物有20多种，稻米的主要产区是长江流域及长江以南，而小麦则主要分布在黄河两岸，另外，还有玉米、大豆和杂粮等粮食作物，主要分布在东北、内蒙古以及华北地区；能够作为油料原料的植物种子，主要有大豆、芝麻、菜籽、花生仁、葵花籽、玉米胚和棉籽等。

2. 果蔬及花卉

果品和蔬菜果蔬是人们生活中不可缺少的副食品。我国地域辽阔，自然条件优越，果品和蔬菜资源极其丰富，很多品种闻名于世。这些优秀的品种有辽宁国光苹果、河北鸭梨、吉林延边苹果梨、山东香蕉苹果和大樱桃、四川江津鹅蛋橘、江西南丰蜜橘、浙江奉化玉露水蜜桃、广东和台湾的香蕉和菠萝、广东和福建的荔枝和龙眼、广西沙田柚、章丘大葱、胶州大白菜、四川榨菜、北京心里美萝卜以及湖南冬笋等。

花卉根据经济用途可分为以下几类：

◇ 观赏用花卉，如一串红、金盏菊等花坛用花；菊花、月季等盆栽花卉；芍药、牡丹等庭院花卉。

◇ 香料用花卉，如水仙花、牡丹花、白兰等。

◇ 熏茶用花卉，如茉莉花、桂花等。

◇ 医药用花卉，如芍药、金银花等。

◇ 环境保护用花卉，如美人蕉、月季、罗汉松等。

◇ 食品用花卉，如桂花、兰花等。

3. 畜禽产品

畜禽产品主要是指肉、蛋、奶、脂、禽及其初加工品，是人类动物蛋白的主要来源，为人类提供了丰富的营养。这类食品富含蛋白质、脂肪、糖等物质，易于腐败变质，所以在食用前需进行严格的检验。目前，我国的农业生产和运输水平都有很大提升，居民的生活水平也有很大提高，对畜禽产品的质量要求也就变得更高了。

4. 水产品

水生的具有一定食用价值的动植物及其腌制、干制的各种初加工品统称为水产品。主要包括栖息、繁殖在海洋和内陆淡水水域的鱼类、虾蟹类、贝类、藻类和海兽类等，以及人工养殖的各类水生动植物。

5. 林产品

把开发森林资源变为经济形态的所有产品统称为林产品。林产品可分为两类：一类是木材及各种木材加工制品，一类是经济林及其副产品。

木材是林业的基本产品，是经济建设和人们生活中用途很广的材料，自古以来就是人类社会的重要能源之一。

经济林的产品分为以下几种：

◇ 木本粮食，如板栗、柿子、枣等。
◇ 木本油料，如核桃、茶油、橄榄油等食用油，桐油、乌桕油等工业用油。
◇ 特用经济林产品，如紫胶、橡胶、生漆、咖啡和金鸡纳等。

6. 其他农副产品

其他农副产品主要有烟叶、茶叶、蜂产品、棉花、麻、蚕茧和中药材等。

农产品按照其他标准还有不同的分类，比如按照农产品质量安全的高低可分为普通农产品、转基因农产品、无公害农产品、有机农产品。按加工程度又可分为初级农产品和加工农产品，按功能性又可分为基本农产品和景观农产品。

1.1.3 农产品的特点

由于我国地域辽阔，从南到北跨热、温、寒三带，气候及自然条件多样，因此农产品种类也复杂多样，分布广泛。综合来看，农产品具有较强的地域性、季节性和风险性等特点。

1. 地域性

农产品对销售渠道功能要求较高。由于农产品生产的地域性与消费的普遍性之间的矛盾，使其销售渠道更加复杂。如荔枝的产地一般在南方，而且一般在夏天的时候成熟，受天气影响非常大，保鲜是一个非常重要的问题，采收、包装、运输等一系列环节对荔枝的保鲜都会带来很大影响。

2. 季节性

农产品往往受自然条件的制约和影响，产量不稳定，不是丰收便是歉收，存在供给与需求之间的矛盾。2015年，安量地区推广的杂交水稻品种"两优0293"，由于孕穗、抽穗期间低温连阴雨，品种本身高感稻瘟病，加上适期预防措施不到位，造成"两优

0293"减产和绝收,导致部分农户蒙受不同程度经济损失。

3. 风险性

农业受自然因素影响很大,具有较大的风险性,虽然有一定的收益,但是收益和风险成正比。如2010年北方农民辣椒产量好,但是南方辣椒因干旱减产80%,导致南方辣椒经销商抢购北方辣椒,使价格一路上升。在农业生产和经营、农产品企业管理、农产品营销中都存在很大风险,甚至可能会导致完全没有收益。

任务2 认知农产品营销

1.2.1 认知农产品市场的概念

农产品市场有狭义和广义之分。狭义的农产品市场指农产品交易的场所,广义的农产品市场是指有能力并且愿意购买相关产品的人群构成的消费者群体。我们在生活中经常听到"这种产品没有市场",指的就是广义的市场概念。

市场构成具备三个要素:市场需求=人口+购买力+购买欲望。

三个要素缺一不可,才能构成现实的市场需求。

1.2.2 认知农产品市场的特点

随着经济社会的发展,农超对接、电子商务等新型流通模式快速发展,农产品流通模式日益多样化,覆盖城乡的农产品市场体系已基本形成。

农产品市场具有以下特点:

◇ 农产品市场交易的产品具有生产资料和生活资料的双重性质。一方面,农产品市场上的农产品可以供给生产单位用做生产资料,如农业生产用的种子、种畜、饲料和工业生产用的各种原材料等;另一方面,农产品又是人们日常生活中的必需品,居民的"米袋子""菜篮子"都离不开农产品市场。

◇ 农产品市场具有供给的季节性和周期性。农业生产具有季节性,农产品市场的货源随农业生产季节而变动,不同季节对应着不同种类产品的采购和销售。同时,农业生产有周期性,其供给在一年之中有淡季、旺季,数年之中有丰产、欠产,不同产品在不同地区、不同年份的生产量可能相差很大。

◇ 农产品的供给市场多为小型分散的市场。农产品生产分散在亿万农户中,农产品在集中交易时具有地域性特点,通常小规模的产地市场分散于产区各地。由于农产品消费主要以家庭为单位,且具有少量多次、零散购买等特点,消费地的农产品零售市场贴近消费者,多分散于各居民居住区。

◇ 农产品市场的风险大。农产品是具有生命的产品,在运输,储存和销售中容易发生干枯、腐烂、霉变、病虫害等极易造成损失。

◇ 近年来，随着人们生活水平的不断提高，市场对优质农产品和强化营养农产品需求量不断加大，因此农产品的分等级、分品种和分区域销售差异日益显现。

资料链接

2017年春节前后全国各地有一种非常畅销的水果名为丑橘（俗名丑八怪），被称为柑桔皇后，世界第一橘，学名：不知火，原产地：日本，现产地：四川。丑橘的表面粗糙、凹凸不平、皱皱巴巴，顶端有一小块凸起，有的形状甚至像梨。外形很丑但售价很高，约10元左右一斤（500克），比一般柑橘类价位都高。丑橘的主要营养成分，它的维生素C的含量是50mg/100g。经过比较发现，丑橘的维生素C含量在同类水果中来说真不算低，普通橘子的维生素C含量大约28mg/100g，橙子的维生素C含量大约33mg/100g，柠檬的维生素C含量为22mg/100g。其除了维生素C含量大以外，还含有人体所需的矿物质及微量元素，有促消化、理气健胃、止咳等功效，是一种非常有价值的水果。

资料来源：农产品交易网

1.2.3 认知农产品营销的概念

农产品营销是指生产或经营农产品的个人或组织，找农产品生意——发现（创造）农产品消费需求、做农产品生意——满足农产品消费需求的活动过程。在实现农产品交换的同时，实现个人或组织利润目标的经营管理。

农产品营销活动的要素包括：

◇ 农产品营销的主体是从事生产或经营农产品的个人或组织。主要包括专业大户、家庭农场、农民专业合作社、农业企业和电商企业。

◇ 农产品营销活动的客体是农产品消费群体，包括城乡居民、农产品加工企业、农产品专业市场。

◇ 农产品营销活动的交易对象是农产品。

1.2.4 认知农产品营销的特点

农产品营销是受农产品的自然生长周期、生产季节、产地以及产品自身的物理、生化性质等客观条件的制约而进行的营销活动。农产品营销与其他产品市场营销存在很大区别，特别是维持农产品本身的色香味形等物理、生化性状，生产经营者必须承担较大的市场风险、生产成本、信誉成本。农产品营销是一个价值增值的过程。

1.2.5 认知农产品营销观念

农产品营销观念是生产或经营农产品的个人或组织从事营销管理的指导思想。它是营销实践活动的一种导向、一种观念、一种态度和一种企业思维方式,其正确与否往往对农产品企业营销的成败具有决定性意义。农产品企业要获得竞争优势,就要为顾客创造更多的价值,在提高顾客总价值的同时降低顾客的总成本,这样将会创造出最大的让渡价值,增强对顾客的吸引力,提高顾客满意度,培养更多的忠诚顾客。

传统的农产品从生产到销售过程中存在较为严重的信息不对称性,这是由于我国农产品行业以小农经济为主,缺乏对市场需求的研究分析。传统的农产品经营过程以农民在长期生活中形成的经验性的种植养殖产品为主,创新性较少,造成农产品长期以来价格偏低、农民收入较低的局面。

新兴的农产品营销观念是在对农产品消费市场进行分析研究的基础上,合理地安排农业生产活动,即以"市场需求"为导向,有效地将农产品转化为商品。在新兴的农产品营销观念的指导下,可以带动农业进行产业结构调整,优化农业资源配置,扩大农民就业,提高农民收入,同时也可带动运输、餐饮等行业的发展。新兴的农产品营销观念主要有下述几种。

1. 绿色有机的农产品营销观念

随着消费生活的改善,人们越来越重视自身的健康。含有大量添加剂的食品销量在走低,消费者对农产品的健康程度要求越来越高。绿色营销是人们为了追求绿色、健康、环保的生活方式而衍生发展出来的新的营销方式。农产品的绿色营销是指农产品的生产经营主体在寻求经济效益、生态效益和社会效益的有机统一过程中,以促进农业可持续发展为目标,在绿色农产品研发、生产、销售工等方面采取的一整套的营销策略。

2. 体验式的农产品营销观念

伴随着城市化的进程,环境污染等城市病严重影响着人们的生活,于是,在都市周边以消费者体验、休闲、观光为内容的一种都市农业正在兴起,旨在为繁忙的都市人提供一个放松心情、亲近自然的机会。都市农业的形态主要有体验式农业休闲农场和农业观光园。

3. "新鲜直送"的农产品营销观念

伴随着电商平台的兴起和物流运输储存技术的进步,很多农产品实现了原产地直供,直接由产地到餐桌,使农业生产者获取了较大的利润,同时又让消费者吃到了最新鲜的农产品。

4. 打造区域特产的农产品营销观念

《晏子春秋》一书中记载:"橘生淮南则为橘,生于淮北则为枳,叶徒相似,其实味不同。所以然者何?水土异也。"说的就是地理环境的差异造就了区域性的特色农产品。近年来，越来越多的农产品以"特色"为旗号走向全国市场，实现了较大的农业收益。

> **实用链接**
>
> 甘肃清源镇所在地属温带干旱、半荒漠性气候区，与全球知名葡萄种植地区属于同一纬度带，这样的地理气候条件，具有种植和酿造优质葡萄酒的先天优势，该镇抓住这一优势，由政府出面置换出6.2万亩土地专用于葡萄种植，同时与威龙、莫高等知名酒企业合作建立了规模宏大的国际葡萄酒庄，带动了当地葡萄种植、葡萄酒酿造、休闲旅游等产业，极大地带动了当地经济的发展。

任务3　认知顾客让渡价值

1.3.1　认知顾客让渡价值的概念和内容

1．认知顾客让渡价值的概念

顾客让渡价值是指企业转移的、顾客感受得到的实际价值，是顾客购买的总价值与顾客购买的总成本之间的差额。其中，顾客购买的总价值是顾客购买某一产品与服务所期望获得的一组利益；顾客购买的总成本是指顾客为购买某一产品所耗费的时间、精神、体力以及所支付的货币资金等。

顾客让渡价值是农产品企业制定营销理念和服务策略的依据，也是农产品企业竞争的指导思想，具有极强的实用性。

2．认知顾客购买的总价值的内容

顾客获得更大"顾客让渡价值"的途径之一，是增加顾客购买的总价值。顾客购买的总价值由产品价值、服务价值、人员价值和形象价值构成，其中每一项价值的变化均对总价值产生影响。

（1）产品价值。产品价值是由产品的功能、特性、品质、品种与款式等所产生的价值。它是顾客需求的中心内容，也是顾客选购产品的首要因素。一般情况下，它是决定顾客购买总价值大小的主要因素。产品价值是由顾客需求来决定的，在分析产品价值时应注意两点：

◇ 在经济发展的不同时期，顾客对产品的需求有不同的要求，构成产品价值的要素及各种要素的相对重要程度也会有所不同。

◇ 在经济发展的同一时期，不同类型的顾客对产品价值也会有不同的要求，在购买行为上显示出极强的个性特点和明显的需求差异性。

（2）服务价值。服务价值是指伴随产品实体的出售，农产品企业向顾客提供的各种附加服务，包括产品介绍、送货、产品保证等所产生的价值。服务价值是构成顾客总价值的重要因素之一。现代市场营销实践中，随着消费者收入水平的提高和消费观念的变化，消费者在选购产品时，不仅注意农产品本身价值的高低，更加重视农产品附加价值的大小。

（3）人员价值。人员价值是指农产品企业员工的经营思想、知识水平、业务能力、工作效益与质量、经营作风、应变能力等所产生的价值。农产品企业员工直接决定着企业为顾客提供的产品与服务的质量，决定着顾客购买总价值的大小。

（4）形象价值。形象价值是指农产品企业及其产品在社会公众中形成的总体形象所产生的价值，包括企业的产品、技术、质量、包装、商标、工作场所等构成的有形形象所产生的价值，公司及其员工的职业道德行为、经营行为、服务态度、作风等行为形象所产生的价值，以及企业的价值观念、管理哲学等理念形象所产生的价值等。形象价值与产品价值、服务价值、人员价值密切相关，很大程度上是上述三方面价值综合作用的反映和结果。因此，农产品企业应高度重视自身形象塑造，为顾客带来更大的价值。

3．认知顾客购买的总成本的内容

使顾客获得更大"顾客让渡价值"的另一途径是降低顾客购买的总成本。顾客购买的总成本不仅包括货币成本，还包括时间成本、精神成本、体力成本等非货币成本。一般情况下，顾客购买产品时首先要考虑货币成本的大小，因此货币成本是构成顾客购买的总成本大小的主要因素和基本因素。货币成本相同的情况下，顾客在购买时还要考虑所花费的时间、精神和体力等，这些支出也是构成顾客购买的总成本的重要因素。这里主要分析时间成本和精力成本。

（1）时间成本。顾客购买的总价值与其他成本一定的情况下，时间成本越低，顾客购买的总成本越小，从而"顾客让渡价值"越大。

（2）精力成本。精力成本是指顾客购买产品时，在精神、体力方面的耗费与支出。顾客购买的总价值与其他成本一定的情况下，精神与体力成本越小，顾客为购买产品所支出的总成本就越低，从而顾客让渡价值就越大。

1.3.2 基于顾客让渡价值的农产品营销组合策略

（1）注重农产品品牌和包装。品牌和包装是农产品生产者向消费者的一种承诺，提供的一种便利，开展的一种宣传推介方式。因此农产品品牌命名必须郎朗上口，易读易记；还要寓意深刻，新颖别致；做到清新高雅，不落俗套，充分显示农产品的档次和品位。农产品包装设计要体现绿色环保、美观大方、方便携带的原则，既要图文信息齐全，标志标识清楚，又要短小精悍，一目了然，让顾客过目不忘。提供产品质量认证和质量追溯承诺，让顾客放心，大胆购买。

（2）采用农产品差别定价。针对老顾客推出新品种，可采用撇脂定价法，即高开低走。这一定价方法可抓紧时机快速收回成本，且高开价格，回旋余地较大，待竞争对手一哄而上时，价格回落，能克敌制胜，降低风险。针对新客户或推广大众化农产品，可采用渗透定价法，即低开高走。这一定价方法能够吸引人气，扩大客户规模，提高市场占有率。待出现供不应求局面时再渐进式提价，以取得长期收益。

（3）扩大农产品直接销售。农产品的自身特性要求周转时间短，同时由于消费的主要形式是以家庭为单位分散购买，规模和利润小，选择直销形式可减少中间环节，还能实现私人定制。目前农产品直销形式主要有订单直销、直营店销售、社区配送、电商销售，以及观光采摘等形式。

（4）创新农产品促销方式。"好酒也要吆喝着卖"，促销时应利用流量思维，引起消费者聚焦，扩大产品知名度，激发消费者购买欲望。目前主要形式有农业展会促销（如农博会、农展会、农交会），新闻媒体宣传促销（如专题采访、广告等），农事节庆活动促销（如葡萄节、草莓节、茶文化节等），公共关系促销（如开展公益事业、慈善捐助等）。

 项目案例分析

农爸爸高端农产品营销

北京农爸爸电子商务有限公司是一家为高端家庭提供正规认证有机产品、原生态纯天然厨房食材、优质厨具与健康生活日用品为主的平台型电商企业。公司在高端社区设有连锁门店，通过线上商城接受订单，会员网络遍布京城乃至全国。2016年4月，农爸爸与腾讯达成战略合作，农爸爸微信智慧商城上线，会员在线订购产品、社区配送服务更加便利。董事长戴德早期从事图书出版发行事业，为给心爱的女儿和家人寻找健康食材，为实现打造千亿企业的梦想，他毅然进入食品行业，先后收购"农爸爸"和"大红鲤"两大品牌，并摸索出一套独有的厨房食材供应链管理服务体系和商业模式。

"农爸爸"遵循"世外桃源建基地，天生地养原生态"的产品理念，在对有机农业的分类上，创造性地提出"生态型有机"和"技术型有机"的分类新视角。"生态型有机"是农爸爸打造基地、种养产品乃至运营企业的圭臬。世外桃源建基地，确保源头健康；天生地养原生态，让天地滋养我们的食物，减少人工干预；"为食者造福，为耕者谋利，为志者圆梦"，农爸爸团队铭记农爸爸光荣的企业使命。农爸爸定期邀约顾客参观体验有机基地，践行农爸爸"一生只为原生态"的理念，让城市中的人们回归自然，与乡村亲切对接，感受原生态环境，享受原生态美食，体验原生态文化，回归精神的老家。

农爸爸门店采用民族元素，打造原生态健康生活理念，让您如同置身世外桃源，带来回归自然的美妙体验。门店特设美食体验桌、茶室、图书借阅区和健康厨房，让每一位顾客宾至如归。

现在，农爸爸有机蔬菜、有机水果、生态禽类、有机奶制品、厨房用品等品种已实现"天天订，天天送"；未来农爸爸的有机产品、健康日用品以及生态养生服务将陆续在农爸爸平台上呈现，让您享受全方位、立体化的健康呵护。

农爸爸经营的这些年，总结出了一套属于自己的销售模式和理念，这是农爸爸最为客观的财富。

高端农产品（有机食品及特色农产品）营销分为四个阶段：

（1）卖关系。由于价格是普通农产品的数倍，高端农产品在早期要进入家庭还很困难，销售对象主要是政府机关及国企。这些单位采购这些产品主要是用来作为内外部礼品、福利，有时甚至是为了将预算资金使用掉。

在这个阶段，拼的不仅是产品质量，也是与决策权人的关系。当然，关系的背后是利益。这时候企业的常见营销形态就是一本产品图册，后来的提货卡不过是其进货后的高级形态。

（2）卖知识。随着食品安全事故频繁见诸媒体，公众的神经一次次的受到刺激。大家开始关注健康，关注食品安全。一部分顾客愿意为了食品安全而支付更高的价格。

这个阶段商家开始通过讲解健康及食品安全知识来销售产品，销售对象是家庭。企业的常见营销形态是健康讲座，拼的是谁的课讲的精彩，用的是保健品营销的套路。

（3）卖基地。随着互联网的兴起，卖知识的形态开始式微。因为在互联网时代，大家唯一不缺的就是知识。愿意支付更高价格购买高端农产品的顾客也越来越多，对他们来说，不是要不要买的问题，而是谁家能让他更有信任的感觉。

这个阶段，拼的是终端。谁能低成本、快速地连接上大量终端顾客，并能与他们建立起长期关系，谁就能赢得未来。

（4）卖庄园。卖庄园是卖基地的自然延伸，并不是卖基地不灵了才出现卖庄园。一方面，是顾客的需求驱动。世外桃源，原生态的环境、原生态的文化和原生态的食材，对于大都市饱受雾霾之苦的人来说，是一个致命的诱惑。另一方面，也是商家降低成本扩大销售的愿望所在。

对于一个解决了温饱的中国人来说，自然而然会升起一个庄园梦，这是一个灵魂深处的呼声。卖庄园正是这种呼声的回应。卖庄园会衍生出类地产、类旅游、类养老等多种形态，组合出多种模式。

综观以上四个阶段，可以提炼出一个趋势：越来越靠近终端，靠近顾客，也就是越来越靠近"人"。这也是社会发展的趋势。

辩证性思考

1. 农爸爸成功的经营理念是什么？
2. 农爸爸营销的创新之处有哪些？

（资料来源：《有机慢生活》2017年 第4期）

项目检测

营销知识目标检测

1. 农产品营销的概念是什么？
2. 农产品营销观念的内容？
3. 顾客让渡价值的内容有哪些？

营销能力目标检测

检测项目：选择一家农产品生产企业，对该企业进行农产品营销观念分析。

检测目的：通过检测，进一步熟悉、掌握农产品营销观念的内容，能够进行农产品营销观念分析。

检测要求：由班级学习委员组织全员分团队对农产品营销观念进行分析、讨论、交流，教师进行评价。

项目2　农产品营销环境分析

项目目标

营销知识目标

理解农产品营销宏观环境和微观环境的构成要素;掌握农产品营销环境分析的方法;掌握SWOT分析法的操作程序。

营销能力目标

能够运用农产品营销环境分析的方法,进行农产品企业宏观环境和微观环境的分析。

项目导入案例

未来人们对农产品的追求标准是什么

中国人到美国、日本人家里做客,看到他们吃水果都捂着嘴偷笑。饭后主人拿出一个苹果、一个橙子、一个香蕉、一瓣柚子一家人坐在一起享受。吃法更是独特,每样切成几份,每人品尝一瓣。在美国一个苹果的价格是10美元,日本一个苹果标价800日元。相对于他们的收入这点开支不在话下,为什么不多买一些每人吃一个,即体面又营养?细细了解后才知道,原来他们吃东西是有讲究的,每餐都有不同的营养搭配食谱,确保人体每天需要的营养和微量元素需求,饭后吃一瓣苹果可以补充铁、吃一瓣橙子可以补充维生素、吃一瓣香蕉可以帮助消化、吃一瓣柚子可以下火。他们每天需要的食物都是量少花样多,所以下厨主妇在选择农产品时要求都非常高,要新鲜、味美、无有害残留。他们不在乎钱,但把健康看得比什么都重要。他们对农产品的追求标准是营养、美味、安全。他们的消费习惯和理念值得我们去研究,因为未来的中国人也一样会改变消费理念。研究透了他们的消费习惯就可以早一步牢牢把握中国未来的农产品消费市场。

辩证性思考:消费者消费理念的变化对农产品企业有什么影响?

(资料来源:搜狐网,http://www.sohu.com/a/215949822_99931926。)

任务1 宏观环境分析

2.1.1 认知农产品营销宏观环境

农产品营销宏观环境是指给农产品营销造成市场机会和环境威胁的主要社会力量，是与企业市场营销联系较为间接的企业外部因素的总和，是对整个市场具有全局性影响的因素，是不可控的变量。农产品营销宏观环境的构成因素，如图2-1所示。

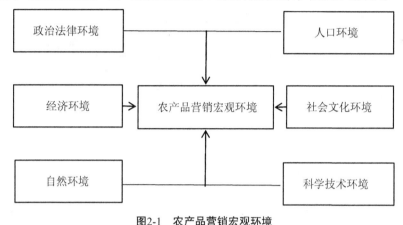

图2-1 农产品营销宏观环境

2.1.2 农产品营销宏观环境的内容

1. 政治法律环境

政治因素像一只有形的手，调节着农产品营销活动的方向；法律是企业的行为准则。政治和法律相互联系，共同对农产品企业的营销活动发挥影响。

（1）政治环境对农产品企业营销的影响，见表2-1。

表2-1 政治环境对农产品企业营销的影响

因 素	影 响
政治环境	政治环境指农产品企业所处的国家或地区的政治稳定状况。如果政治环境稳定、经济发展、人民安居乐业，就会给农产品企业带来良好的营销环境。相反，政治环境不稳，社会矛盾尖锐，战争、暴乱、罢工、政权更替等政治事件不断，经济处于崩溃状态，就会对农产品企业营销产生不利的影响。因此，社会是否安定对农产品企业的营销影响极大
政府的宏观经济政策	政府的宏观经济政策对农产品企业的营销活动能够产生深刻的影响，主要包括人口政策、产业政策、能源政策和财政金融货币政策及其调整变化对农产品企业营销活动的影响。这些政策不仅规定了国民经济的发展方向和速度，也直接关系到社会购买力的提高和市场消费需求的增长，甚至会使农产品消费需求结构发生变化

（2）法律环境对农产品企业营销的影响。法律是体现统治阶级意志、由国家制定或认可、并以国家强制力保证实施的行为规范的总和。对企业来说，法律是评判农产品企业营销活动的准则，只有依法进行的各种农产品营销活动，才能受到国家法律的有效保护。因此，农产品企业开展营销活动，必须了解并遵守国家或政府颁布的有关经营、贸易、投资等方面的法律、法规。它对规范和制约农产品企业营销行为具有权威性和强制性，农产品企业必须依据经济政策、法律、法规进行营销活动，同时凭借法律、法规维护自身的权益。见表2-2。

表2-2 法律环境

项 目	内 容	典型法律
与农产品营销有关的经济立法	国家有关的法律和法规	《中华人民共和国环境保护法》《中华人民共和国公司法》《中华人民共和国农村土地承包法》《中华人民共和国反不正当竞争法》等；每年发布的中央1号文件及地方政府各类涉农政策法规
与群众利益团体有关的经济立法	保护消费者利益的群众团体、保护环境的群众利益团体。这些群众团体给营销主体施加压力，使消费者利益和社会利益等得到保护	《中华人民共和国消费者权益保护法》《中华人民共和国农产品质量安全法》

实用链接

《中华人民共和国农产品质量安全法》这是为保障农产品质量安全，维护公众健康，促进农业和农村经济发展而制定的一部法律。该法由中华人民共和国第十届全国人民代表大会常务委员会第二十一次会议于2006年4月29日通过，自2006年11月1日起施行。它包括总则、安全标准、农产品产地、农产品生产、包装标识、监督检查、法律责任、附则等八章。

2. 人口环境

人口是构成一个市场的首要因素，人口动向可以创造新机会、新市场。人口环境是农产品企业制定营销决策的重要参照，是农产品营销宏观环境的重要因素。农产品企业应该加强对人口环境因素的研究，密切关注人口特性及其发展动向，善于抓住市场机会。另外，当出现威胁时，要相应地调整农产品营销策略，以适应人口环境的变化。我国人口环境的主要动向，见表2-3。

表2-3 人口环境主要动向

项 目	动 向	影 响
人口迅速增长	随着科学技术的进步和人民生活条件的改善,我国人口将在未来很长一段时间内持续增长,二胎生育政策放开	农产品需求量将会持续增加,并同时对农产品的供求格局产生长远影响
人口出生率下降	人口出生率下降,儿童在逐年减少,儿童农产品等行业是一种环境威胁。不过,这种人口动向对某些农产品行业是有利的	许多年轻夫妇有更多的闲暇时间和收入用于外出用餐和旅游娱乐,促进了农业观光旅游、餐饮等相关第三产业的发展
人口趋于老龄化	人口平均寿命延长,我国老年人口迅速增加,截至2017年底,我国60岁及以上老年人口有2.41亿人,占总人口17.3%。已进入老龄化社会,这种变化的影响是深远的	老年人医疗和保健农产品的市场需求会迅速增加,给经营相关老年人保健农产品的行业提供了市场机会
家庭规模的变化	近几十年来,家庭规模日趋小型化	对于农产品的包装、分销和促销等有了新要求。随着生活水平的提高,肉蛋奶等农产品的基本消费单位也有了很大的变化

> **实用链接**
>
> 人口地理分布对农产品市场的影响。从人口区域分布看,我国东部沿海地区经济发达,人口密度大,消费水平高;中西部地区经济相对落后,人口密度小,消费水平低。随着我国城镇化战略的实施,必然推动城乡之间、地区之间的人口在数量和质量上都呈现强势流动的态势。不同城市之间流动人口的多少不等,反映在农产品方面的市场需求量就会有很大差别。因此,研究人口的地域差别和变化,对农产品企业的营销有着更为直接的意义。

3. 经济环境

经济环境是指农产品企业营销活动所面临的社会经济条件及其运行状况和发展趋势,其中最主要的指标是社会购买力。而购买力直接或间接受消费者收入水平、消费者支出方式、价格水平、储蓄与信贷等经济因素的影响。可见,农产品企业应特别关注消费者收入与消费模式的主要变化趋势。

(1)消费者收入水平的变化对农产品企业营销的影响。社会购买力来自消费者的收入水平,因此,消费者收入是影响社会购买力、市场规模、消费支出多少和支出模式的重要因素。消费者收入水平的变化对农产品企业营销的影响,见表2-4。

表2-4 消费者收入水平的变化对农产品企业营销的影响

项 目	内 容	影 响
可支配收入	指扣除消费者个人交纳的各种税款和交给政府的非商业性支出后可用于个人消费和储蓄的收入	是影响购买力和消费者支出的决定性因素
可随意支配收入	指可支配收入减去维持基本生活消费所必需的支出,如减去必要的食物、房租、水电费等必需费用和固定费用后所剩下的收入	是影响消费者需求变化的最活跃的因素,也是消费者市场重点研究的收入

> **实用链接**
>
> 货币收入和实际收入。实际收入会影响实际购买力,假设消费者的货币收入不变,物价下跌,消费者的实际收入便增加;相反,物价上涨,消费者的实际收入便减少。即使消费者的货币收入随着物价上涨而增长,但如果通货膨胀率超过了货币收入增长率,消费者的实际收入也会减少。

(2)消费者支出结构的变化对农产品企业营销的影响。消费者支出结构主要是指消费结构,即消费者在各种支出中的比例关系。随着居民收入水平的变化,消费支出结构也会发生相应的变化,从而使一个国家或地区的消费结构也发生变化。西方一些经济学家常用恩格尔系数来表示这种变化,即

$$恩格尔系数 = 食物支出总额/家庭消费支出总额 \times 100\%$$

> **实用链接**
>
> 恩格尔系数。恩格尔系数表明,在一定的条件下,随着家庭收入的增加,用于购买食物的支出占家庭收入的比例会下降,用于住宅建筑和家务经营的支出占家庭收入的比例大体不变,用于其他方面的支出和储蓄占家庭收入的比例会上升。根据联合国粮农组织提出的标准,恩格尔系数在59%以上为贫困,50%~59%为温饱,40%~50%为小康,30%~40%为富裕,低于30%为最富裕。

(3)消费者储蓄与信贷水平的变化对农产品企业营销的影响。居民个人收入不可能全部用于消费,总有一部分会以各种形式储蓄起来,这是一种潜在的社会购买力。个人储蓄的形式包括银行存款、国债、股票、证券投资基金和不动产等,这些均可随时变现,从而转化为现实的社会购买力。如果储蓄倾向增加,社会购买力和消费支出则随之

减少；反之，如果储蓄倾向减少，购买力和消费支出便随之增加。

消费信贷是指先消费后还款，消费者利用信用先取得商品的使用权，然后按期归还贷款，是一种预支未来收入的购买力。

（4）经济发展水平对农产品企业营销的影响。农产品营销活动还受到一个国家或地区的整个经济发展水平的制约。经济发展阶段不同，居民的收入不同，消费者对产品的需求也不一样，从而会在一定程度上影响农产品企业营销活动。当消费者收入水平提高时，人们对食物的要求也会随之提高，如营养价值、新鲜度、是否为绿色农产品等。衡量经济发展水平的标准，见表2-5。

表2-5 衡量经济发展水平的标准

项目	内容
国内生产总值	它是衡量一个国家经济实力与购买力的重要指标。从国内生产总值的增长幅度，可以了解一个国家经济发展的状况和速度
人均国民收入	这是用国民收入总量除以总人口的比值。这个指标大体反映了一个国家人民生活水平的高低，也在一定程度上决定商品需求的构成。一般来说，人均收入增长，对消费品的需求和购买力就大，反之就小

（5）其他影响农产品企业营销活动的经济环境因素。一个国家或地区的经济体制、行业发展状况、城市化程度等因素都对农产品营销活动产生或多或少的影响。因此，农产品企业制定营销战略要综合考虑各方面的因素。

4. 社会文化环境

社会文化环境是指一个国家、地区或民族的传统文化。文化是影响人们欲望和行为（包括顾客的欲望和购买行为）的一个很重要的因素，营销主体必须调查研究这种文化动向。社会文化环境通常由以下内容构成。

（1）宗教信仰。农产品营销主体在从事营销活动时，要尊重目标市场上宗教信徒的生活生产习惯，和外商洽谈生意时必须了解和考虑不同国家和地区的文化差异，如印度教徒对牛肉的禁忌，伊斯兰教徒喜欢吃羊肉的热衷等。

（2）消费习俗。不同的生活经验和环境，不同的信念、价值观念、风俗习惯、兴趣等，形成了人们不同的消费方式和习惯。农产品营销主体必须了解目标市场消费者的禁忌、习惯以及偏好等。

（3）消费价值观和理念。消费价值观和理念是人们对于消费的总体看法以及根本观点，决定着消费者最终的消费内容、行为和方式。在当今国际和国内的总体形势下，绿色消费已成为一种流行的消费理念。绿色消费强调与环境相协调，提倡健康绿色、保护生态等核心的消费价值观。

随着经济的发展，人们的生活习惯、消费理念和价值观念也在逐渐发生变化。现在人们有能力消费更好的肉、蛋、奶等农产品，但在物质丰富的同时，也越来越关注自身的健康，均衡饮食，合理摄入。所以大鱼大肉逐渐转为以蔬菜、水果、肉类等合理搭配的饮食结构。这种消费理念能影响到农产品的销售。

社会文化因素中，品牌的影响力也是非常巨大的。品牌可以赋予消费者某些心理暗示。一个强势品牌会让消费者乐于接受，只有品牌变得更强大、更有亲和力，消费者使用起来才会更放心。另一方面，在市场竞争趋于白热化的时代，品牌的建设和推广成功与否往往决定了一个农产品企业的成败。一个不善于品牌建设的农产品企业会在残酷竞争中败下阵来，而一个善于品牌建设的农产品企业能够充分整合、包装其所有的优势，并在市场竞争中获得可持续性发展。品牌竞争中，唯有独特的、有生命力的强势品牌才能使公司及其产品与竞争对手形成差异化并创造级差利润。

> **实用链接**
>
> 褚橙：冰糖橙，甜橙的一种，云南著名特产，以味甜皮薄著称。由于它是由昔日烟王红塔集团原董事长褚时健种植而得名，结合褚时健不同寻常的人生经历，因此也叫励志橙，商业品牌为云冠橙。有人说，褚橙甜中微微泛着酸，像极了人生的味道。褚橙的热销，既是一种商业现象，也是一种文化现象。

5. 自然环境

自然环境是指影响农产品营销的自然资源、气候、地理位置、交通条件、环境污染等。自然环境的发展变化对于农产品相关企业来说影响巨大，会给企业带来一些市场机会或者环境威胁。

（1）某些自然资源短缺或即将短缺。城市及人类活动的扩张，使农产品生产最重要的水资源被污染，全国范围内水资源分布不均，造成一些农业生产区域水资源短缺。农业生产的动力资源如石油等日渐枯竭，森林覆盖面积低，耕地日渐减少。农民种粮积极性降低，转向种植收益较高的其他农作物，我国的粮食和其他食物供应可能会出现严重问题。

（2）公众对环境污染问题越来越关心。环境污染程度日益增加，公众对这个问题越来越关心，使那些造成环境污染的行业和企业在舆论压力和政府干预下，不得不采取措施控制污染；另一方面，也给研究和开发不致污染环境的行业和企业造成了新的市场机会。

（3）政府干预日益加强。政府为了社会利益和长远利益对自然资源加强干预，往往与企业的经营战略和经营效益相矛盾。农产品企业的最高管理层要统筹兼顾来解决这种矛盾，力争做到既能减少环境污染，又能保证企业发展，提高经营效益。

随着整个社会环保意识的日益增强，可持续发展理念被很多企业和团体所采纳，使绿色产业、绿色消费、绿色市场营销蓬勃发展。对农产品营销影响体现在：选择生产技术、生产原料、制造程序时，应符合环保标准；产品设计和包装设计时，应尽量减少产品包装或产品使用的剩余物;分销和促销过程中,应积极引导消费者在产品消费使用、废弃物处置等方面尽量减少环境污染;产品售前、售中、售后服务中,应注意节省资源、减少污染。

6. 科学技术环境

当今社会,市场是动态的,科学技术是不断发展的。农产品企业必须认识到农产品的生产、加工、运输、包装和销售,无不渗透着科技进步的影响。尤其在农产品包装领域,科技的进步带动了材料的更迭,由最初的单纯包装到如今所倡导的绿色包装,每一步都是在科技进步的前提下做出的。科技对农产品企业营销影响的另一个表现为农产品的检验,农产品企业推出营销理念健康、无公害安全农产品来吸引消费者,开拓市场,背后必定有强大的科技进步支持,进行科学合理的技术操作和管理规范。因此,农产品企业在制定营销策略时,应充分考虑其产品的质量水平及科技含量,并随着科技的进步,对其产品的营销计划作进一步的调整。

(1)从农产品开发方面看。现代生物技术中的细胞工程、遗传育种、基因工程等技术的开创和发展,不仅促使农产品数量大幅度增长,农产品品质不断提高,而且还能开发出自然界过去没有的农业生物新品种。

(2)从对农产品营销渠道的影响看。互联网是营销中满足消费者需求最有魅力的营销工具之一。互联网将"4P"(产品、价格、分销、促销)和以顾客为中心的"4C"(顾客、成本、方便、沟通)相结合,对企业营销产生了深刻影响。

> **实用链接**
>
> "4P"与"4C"的结合
>
> (1)以顾客为中心提供产品和服务。
> (2)以顾客能接受的成本进行定价。
> (3)产品的分销以方便顾客为主。
> (4)从强迫式促销转向加强与顾客直接沟通的促销方式。

(3)互联网对农产品营销环境的影响。互联网即由多个计算机相互连接而成的网络。互联网每天信息的产生量是300~500个美国国家图书馆的信息量。互联网改变了人类的生活方式、商业模式和工作方式,对营销环境产生了巨大而深远的影响。

1)对农产品生产企业的影响。互联网使得生产的门槛越来越低,使很多消费者向生产者转变。互联时代竞争也发生了改变。以前是单个企业与单个企业的竞争,现在是企业链与企业链之间的竞争。任何一个企业都无法独立用自己的资源和力量满足客户需求。企业宣传方面,互联网也较传统媒体有更多的优势。

2)对中间商产生的影响。在互联网基础上,电子商务的迅速发展,使得市场发生了巨大变化,很多商品由原来的"生产者—中间商—消费者"转化为"生产者—消费者",很多个人用户趋向于直接向生产者采购。中间环节的减少,使中间商的生存面临巨大危机。以联合为主要特征的第一代互联网已经发展到以互动为主要特征的第二代互联网。比如现在的淘宝、京东等销售平台,使商品的价格越来越透明化,这无疑是给中间商以致命打击。中间商需要提高企业和个人的整体素质,来应对这种趋势。

3)对农产品物流环节的影响。互联网技术正推动着智能物流的变革,物流企业在物流设施设备的自动化、智能化程度和物品管理的信息化水平方面将实现长足进步。互联网消费群体的不断扩大,也为物流企业带来很大的潜在客户群体。

4)对消费者产生的影响。互联网作为一种新型的信息传播工具,正改变着现代人的消费方式,如消费习惯的改变,以前买东西更多是去商场、超市,而现代生活中很多东西可以从网上购买。

任务2 微观环境分析

2.2.1 认知农产品营销微观环境

农产品营销微观环境是指与农产品企业营销活动直接相关的各种环境因素的总和,主要由农产品营销主体、营销中介、消费者、竞争者和社会公众组成。经过农产品企业的努力,微观环境的一些因素可以不同程度地加以控制。农产品企业营销的微观环境因素,如图2-2所示。

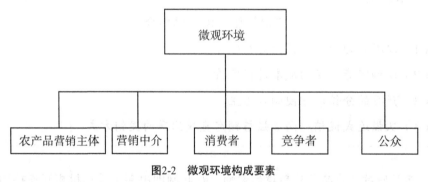

图2-2 微观环境构成要素

2.2.2 农产品营销微观环境的内容

1. 农产品营销主体

常见的农产品营销主体,见表2-6。

表2-6 农产品营销主体

营销主体	主要作用
农产品加工贸易骨干企业	发挥其加工增值、开拓国际国内大市场的主导作用,创建"龙头企业十合作组织十农户"的营销模式
农产品行业协会和农民专业合作经济组织	提高农民的组织化程度和市场谈判能力
专业购销大户	构建和发展农产品经纪人制度,带领农民走进市场、扩大农产品流通。这种营销主体模式可以更有效地提高农民自主销售农产品的能力

> **实用链接**
>
> 优质优价,订单式种植。阜宁县以优质优价为抓手,鼓励大型农企参与优质稻米生产基地建设,构建"公司+农户"模式,进行"五统一"(统一种植品种、测土配方、育秧方式、水肥管理、虫害防治)管理,对基地农户实行订单收购,建立风险共担、利益均沾机制,按高于市场价格收购,向基地农户提供二次收益机会,提高订单履约率。盐城米业公司依托公司资源优势,采取"公司+研产基地+种植户+互联网+"的模式,实行水稻订单生产、优质优价"私人订制"的方式,直接进入消费者的餐桌。
>
> 资料来源:农产品网,http://www.zgncpw.com/nongchanpin/show/24764/

2. 营销中介

营销中介是指协助营销主体促销、销售以及把产品送到买方的机构。它们包括中间商、物流机构、营销服务及金融中间机构。农产品营销中介的类型有:

◇ 协助企业进行分销和促销的经销中间商和代理中间商。
◇ 帮助企业实现产品实体分配的仓储、运输部门。
◇ 提供各种营销服务的广告、调研、咨询公司。
◇ 提供融资、保险等服务的银行、信托、保险公司等。

企业应在动态变化中与这些营销中介建立起相对稳定的协作关系,以提高企业的营销能力。

营销中介是农产品营销活动不可缺少的中间环节,很多农产品企业的营销活动都需要有它们的协助才能使产品顺利地送到最终购买者手中,因为经过分工可以最大限度地降低交易成本。因此,农产品企业必须重视并处理好与它们的关系。

> 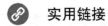 **实用链接**
>
> 农产品经纪人。结合当前农产品经纪人的从业构成,农产品经纪人可以分为销售型经纪人、科技型经纪人、信息型经纪人、复合型经纪人等。为规范全国各地大量存在的农产品流通领域的各种中介行为,根据我国实行的行业准入制度要求,劳动和社会保障部制定了农产品经纪人职业资格制度,所有在农村从事农产品经营中介活动的人员都需要经过培训取得农产品经纪人职业资格证书,持证上岗。劳动和社会保障部已将农产品经纪人职业资格的管理行为授权给中华全国供销合作总社,由中华全国供销合作总社根据授权实施行业培训,制定行业标准以及资格证书的管理工作。

3. 消费者

消费者是企业营销活动的起点,也是营销活动的对象和终点,是营销主体最重要的一个环境因素。因此必须紧紧围绕消费者需求这个中心内容来开展各种营销活动。

消费者对农产品的需求类型,见表2-7。

表2-7 消费者对农产品需求的类型

类　型	主要表现
对农产品基本功能的需求	农产品的基本功能即农产品能满足温饱和提供人体基本营养的功能——有用性
对农产品品质的需求	在农产品基本功能得到满足后,消费者往往追求更高品质的农产品。高品质的农产品一般体现在营养成分的含量、纯度、水分含量、口感等多个指标上
对农产品安全性能的需求	农产品质量安全已成为当今农产品消费需求的主流,绿色、鲜活农产品越来越受到消费者的推崇
对农产品便利程度的需求	包括购买过程和使用过程两方面
对农产品外观的需求	良好的外观给人以美的享受,会得到消费者的青睐
对农产品情感功能的需求	消费者通过购买某种农产品能够获得情感上的补偿或追求,如鲜花送给朋友用以增进友谊等
对农产品社会象征的需求	像鲍鱼、燕窝等数量少、价格昂贵的农产品,消费者购买后作为礼物赠送他人,是为了证实自己或对方的社会地位或社会身份,体现了对农产品社会象征的需求
对农产品良好服务的需求	产品与服务已成为不可分割的消费整体,消费者在购买产品的同时,还购买了与产品相关的服务,优质的服务是所有消数者的期盼

> **实用链接**
>
> 部分农产品需求分析。蔬菜需求侧分析。我国蔬菜早已告别了数量及品种短缺的时代,但达到绿色或有机的比例偏低,且高质量的蔬菜供应数量总体不足,部分品种无法保证四季供应,不能满足市场需求。消费者对新鲜蔬菜需求不但没有降低,反而随着消费升级对品种和品质的需求不断增长。一方面,人们对膳食结构与健康安全提出更高的要求,增加对新鲜蔬菜摄入量;另一方面,围绕蔬菜产业的休闲观光、采摘、餐饮等旅游开发项目,使蔬菜生产、加工、销售、餐饮、休闲以及其他服务业之间紧密衔接。
>
> 水果需求侧分析。目前我国优质果率仅占40%左右,普通果为45%,劣质果占15%,水果产业发展长期存在着不均衡现象,一方面消费者对安全、优质、特色水果的需求急剧增长;另一方面,水果流通方式的巨变顺应消费领域的需求,如贴近消费者社区的连锁超市、专业水果店,以及电子商务新兴流通业态成为消费者购买的主要途径。此外,将新鲜水果、高档水果及有机水果逐步纳入到中央厨房、休闲观光和田园体验等混合业态中,使得水果的需求呈现出综合消费与融合消费之中。
>
> 肉禽蛋需求侧分析。数据显示,2017年禽肉蛋农产品价格比去年同期下降15.78%,水产品价格上涨2.7%,粮食价格上涨0.5%。可见肉禽蛋类产品的消费需求从吃好到吃得健康、保健及养生等需求的转变。此外,肉禽蛋"低价时代"的结束,预示着消费结构的升级,消费标准的提高,发展特色肉禽蛋产品是满足个性化需求的主要途径。
>
> 水产品需求侧分析。2016年农产品价格上涨较快的就是水产品。从农产品营养角度,除蔬菜外,水产品蛋白质含量高,脂肪含量少、热量低、容易消化、健脑。水产品生产者要以消费需求为导向,不断优化水产品的品种与品质结构。
>
> (资料来源:制冷快报,http://bao.hvacr.cn/201803_20/5583.html)

4. 竞争者

竞争者的农产品营销战略和农产品营销策略直接影响农产品营销主体的营销活动。农产品营销主体要想在市场竞争中获得成功,就必须能够比其竞争对手更好地发现农产品消费者的需求并满足其需求。因此,农产品营销主体必须高度关注竞争者的变化,及时调整对策。

农产品竞争者分为以下几种形式。

1）品牌竞争者。当其他农产品营销主体以相似的价格向相同的顾客提供类似的产品与服务时，可将其视为竞争者。

2）行业竞争者。农产品营销主体可把生产同样或同类产品的单位或个人都广义地视为竞争者。

3）产品形式竞争者。它指生产同种产品，但规格、型号、款式不同的竞争者。

4）形式竞争者。农产品营销主体可把所有能提供相同服务和产品的单位或个人都视为竞争者。

5）通常竞争者。农产品营销主体还可以进一步把所有争取同一消费者的企业都视为竞争者。

5. 公众

社会公众是指对农产品企业实现其营销目标构成实际或潜在影响的任何团体。社会公众的类型，见表2-8。

表2-8　社会公众的类型

类　型	主要表现
金融公众	影响企业取得资金能力的任何集团，如银行、投资公司等
媒体公众	报纸、杂志、无线电广播、电视、网络等具有广泛影响的大众媒体
政府公众	负责管理农产品营销主体业务经营活动的有关政府机构
群众团体	为维持某些部分的社会成员利益而组织起来的，会对立法、政策和社会舆论产生重大影响的各种社会团体，如消费者协会、环境保护组织等
地方公众	农产品营销主体附近的居民群众、地方官员等

以上这些公众，都与农产品企业的营销活动有直接或间接的关系。现代农产品营销主体是一个开放的系统，它在经营活动中必然与各方面发生联系。

任务3　农产品营销环境分析方法

2.3.1　认知SWOT分析法的概念

SWOT分析法也称TOWS分析法，即态势分析法，用来分析企业优势、劣势、机会和威胁。因此，SWOT分析法实际上是对农产品企业内外部条件各方面内容进行综合和概括，进而分析组织的优势、劣势、面临的机会和威胁的一种方法。通过分析农产品企业的优势和劣势，农产品企业可以了解自身所面临的机会和挑战，从而制定企业战略。SWOT分析模型，如图2-3所示。

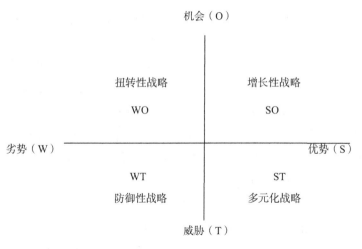

图2-3 SWOT分析模型

2.3.2 SWOT分析法的操作程序

1. 收集信息

SWOT分析法实质上是机会、威胁分析与优势、劣势分析的综合,信息的收集也就是对外部环境和内部环境资料的收集。信息收集主要包括宏观环境信息的收集、行业(中观)环境的收集、微观环境信息的收集。

2. 整理与分析信息

把收集到的信息分别归类到宏观环境、行业环境和微观环境后,再分析信息的含义,看其是否表明农产品企业所面临着机会或者遭遇威胁,是否反映了农产品企业的优势与劣势。

3. 确定农产品企业具体业务所处的市场位置

资料收集整理完毕后,再看农产品企业某一项具体业务面临的环境是机会多于威胁还是威胁多于机会,农产品企业在这项业务上是处于优势还是劣势,并在SWOT分析图中标出其市场地位。

4. 拟定农产品营销战略

农产品企业某一项业务的市场位置确定后,就可以根据其具体情况制定相应的农产品营销战略和策划方案,决定农产品企业是否应加大对这项业务的投资,以及产品组合、促销组合等方面有哪些要改进的具体问题。

2.3.3 运用SWOT分析法应注意的问题

◇ 明确在SWOT分析法中,优势、劣势与机会、威胁的地位是不同的,外部环境因素是通过改变竞争双方的优劣势对比来为研究对象产生一定机会或威胁的,这是SWOT分析法的基本结构。

◇ 从内容上说，SWOT分析既应该包含静态分析，也应该包含动态分析，即既要分析研究对象与其竞争对手现实的优势、劣势或现实的优势、劣势对比，还要探讨研究对象与其竞争对手各自的优势、劣势及其面临的机会、威胁发展变化的规律性，由此预测现实优势、劣势在未来可能发生的变化，据此分析战略目标的合理性，并设想战略措施。

◇ 在战略管理中，SWOT分析不能是孤立的，而应该同对现状产生原因的分析，特别是达到未来战略目标或阶段战略目标需满足的条件的分析相结合。对现状的原因没有客观、全面的认识，或对达到战略目标应具备的条件做出错误判断，均可能导致对优势、劣势和机会、威胁的认识错误。

◇ 确立对优势、劣势正确的态度，"扬长避短"这句话并不永远正确，如果某一劣势阻碍了实现达到战略目标的一个必要条件，就应该弥补这一劣势，而不是一味回避它。只有当劣势在战略所覆盖的未来一段时间内难以改变时，才采取避开该劣势的态度。对优势、劣势的态度还应取决于所选择的战略目标和战略途径，实现某一战略目标的充分条件可能有多组，这决定了达到战略目标可能有多条途径，对于决策者最终选择的战略途径，应该采取措施，放弃或回避与该战略途径无关的优势、劣势，保持或增强与该战略途径有关的优势，并弥补与之有关的劣势，促使全面实现该战略途径对应的充分条件。找出实现战略目标的充分条件可能是困难的，但却永远是理性的战略家努力的方向。

农产品营销主体对营销环境的反应和适应，并不意味着它对于营销环境是无能为力或束手无策的，只能消极地、被动地改变自己以适应环境，而应从积极主动的角度出发，能动地去适应农产品营销环境。也就是说，农产品营销主体既可以以各种不同的方式增强适应农产品营销环境的能力，避免来自农产品营销环境的威胁，也可以在变化的农产品营销环境中寻找自己的新机会，并尽可能地在一定的条件下转变农产品营销环境因素，制定有效的农产品营销策略去影响营销环境，在市场竞争中处于主动地位，占领更大的市场。

 项目案例分析

经济新常态下经营环境的变化

1）竞争阶段变了。由过去的短缺时代迎来了过剩时代，市场由卖方转移到买方市场，所以今天企业竞争的阶段是站在过剩的角度来看，如何适应差异化、企业化和服务化。

2）消费需求变了。从马斯洛的需求理论看，人们已经摆脱了原来的生存、生理、心理的需求，到了自我实现、自我尊重的阶段，这个阶段，追求的是人性尊严。今天的市场形成了一个多层次、多元化、个性化和高端化的市场，消费者需求发生了根本性的变化。

3）企业发展的路径要素变了。过去企业靠的是努力和机会，今天企业靠的是知识和资本；过去不太靠能力，今天要靠智力和能力才能获得发展。

4）生产要素和资源要求变了。过去企业依赖成本和途径，依赖廉价劳动力。今天依赖的是创新和技术，讲究绿色、可持续经营。

5）法制环境变了。过去靠胆大、靠关系。未来的企业信用将成为一切经营的核心。

6）市场空间变了。"一带一路"的实施，使今天中国的任何一个行业都跟全球经济发展产生了关系，所以今天经营的视角，由国内转向了国际，由地域转向了全球。

7）营销水平和商业模式变了。今天的营销人首先讲如何找到认同或者共识，是"羊毛出在猪身上，狗买单"的商业模式。原来的营销思路、营销策略走不通了，需要新的起点、新的模式。

8）发展理念变了。特别是国家方面，主要矛盾发生了变化，我国社会主要矛盾已经转化为人民日益增长的美好生活需要和不平衡不充分的发展之间的矛盾。主要矛盾的变化使经济由粗放型转向节约型，品质、品牌成为重要的经营核心，重塑管理是赢得竞争的制胜法宝。

上述的八方面变化是每个企业都要面对的，未来经营阻力不断加大，消费需求趋向高端化、个性化、体验化和服务化，过去的低成本、同质化、强促销的时代结束了，迎来了一个新时代。面对大数据互联网、人工智能的影响，面对未来更多高端技术、更多新场景应用，新的经济环境下，你准备好了吗？

辩证性思考

面对经济新常态下经营环境的变化，农产品企业该如何应对？

（资料来源：世界经理人）

项目检测

营销知识目标检测

1. 农产品营销宏观环境的构成因素主要有哪些？
2. 农产品营销微观环境的构成因素主要有哪些？
3. 简述SWOT分析法的操作程序。运用SWOT分析方法时应注意什么？

营销能力目标检测

检测项目：访问一家农产品企业，对该企业进行农产品营销环境分析。

检测目的：通过检测，进一步熟悉、掌握农产品营销环境分析的方法，能够进行农产品营销环境分析。

检测要求：由班级学习委员组织全员分团队对农产品营销环境进行分析、讨论、交流，教师进行评价。

项目3　农产品消费者分析

项目目标

营销知识目标

理解农产品消费者市场及农产品需求的含义；理解农产品消费者需求的类型及特点；掌握农产品消费者购买动机的类型、农产品营销心理策略和农产品消费者购买行为模式。

营销能力目标

能够运用农产品消费者分析的方法，进行农产品消费者分析。

项目导入案例

农产品的血统故事

农产品的血统故事，对于农产品来说是很重要的，所以才有农民生产者会精选优良种子，优秀的种子也就意味着优秀的品质。所以要把农产品的血统故事，讲给消费者，好的血统基因，自然是好品质的保证。那些农产品地理标志产品，标示着农产品来源于特定地域，产品品质和相关特征取决于自然生态环境和历史人文因素，如射阳大米、砀山酥梨、安溪铁观音茶叶等，其纯正的血统基因故事，自然，要比没有故事可讲的农产品更有影响力和竞争实力。青岛胶州的大白菜，远在唐代即享有盛誉，获得地理标志认证后，最高能卖到上百元一棵，即便是在大白菜价格跌到低谷时，仍然能买到10元钱一棵。与普通的"白菜价"相比，的确令人唏嘘不已。

辩证性思考：把农产品的故事讲给消费者迎合了农产品消费者的什么心理？

（资料来源：360doc.com）

任务1　农产品消费者需求分析

做好农产品营销，实现农产品利润最大化，必须了解农产品消费者的需求和购买动机。

3.1.1 农产品消费者市场与农产品需求

1. 认知农产品消费者市场的概念

农产品消费者市场是指为满足生活需要而购买农产品的所有家庭与个人。

2. 认知农产品需求的概念

农产品需求是指消费者在一定时期内对各种农产品有支付能力的需要。

3. 消费者对农产品需求的特点

（1）小型化。小型化主要是指购买农产品的家庭呈现出小型化的趋势。这主要是由家庭规模的变化引起的，随着人口结构的变化，家庭人数相对以前来说有所减少，三口之家成为主流，以往那种买菜买一堆的情况不会再出现了。更有可能出现的是，白菜买一棵，胡萝卜买一个的新局面。因此，将水果蔬菜进行分拣、包装再出售的产品更受青睐。

（2）特产化。特产化就是优质化。居民生活水平提高了，对于食品的高品质和多样性需求日益旺盛。消费者对农产品的区域性要求十分苛刻，如今人们购买农产品讲究产地，如果不是出自产地，那品质、口感会大打折扣。特产化也体现了目前人们的消费需求从量的要求到质的要求的转变，要求吃得好，更要吃得健康，吃得安全。因此，绿色产品、无公害产品、有机产品以及各种功能性产品等受众市场越来越大。

（3）精致化。精致化是特产化的延伸，美观的外形、精美的包装将对品质优良的特色农产品起到锦上添花的作用。农产品的外形、颜色、味道，是消费者越来越看重的因素。精美的包装也能有效提高农产品的价格。高档超市里卖的农产品与菜市场的没什么不同，就是因为进行了一些简单的加工，加了一层好看的包装，价格就翻了几翻。当然，光有包装还不够，只有更好地解决农产品距离成本和销售成本的问题，让更多样化、更优质的农产品进入寻常百姓家，才能让农产品真正登上时代的快车。

3.1.2 农产品消费者需求的基本类型

（1）对农产品基本功能的需求。即农产品能满足温饱和提供人体基本营养的功能——有用性。

（2）对农产品品质的需求。在农产品的基本功能得到满足后，消费者往往追求更高品质的农产品。高品质的农产品一般体现在营养成分的含量、纯度、水分含量、口感等多个指标上。

（3）对农产品安全性能的需求。农产品质量安全已成为当今农产品消费需求的主流，绿色、鲜活农产品越来越受到消费者的推崇。

（4）对农产品便利程度的需求。它包括购买过程和使用过程两个方面。

（5）对农产品外观的需求。良好的外观给人以美的享受，会得到消费者的青睐。

（6）对农产品情感功能的需求。消费者通过购买某种农产品能够获得情感上的补偿或追求。如鲜花送给朋友，用以增进友谊等。

（7）对农产品社会象征的需求。像鲍鱼、燕窝等数量少、价格昂贵的农产品，消费者购买后作为礼物赠送他人，正是为了实现自己或对方的社会地位或社会身份，体现了对农产品社会象征的需求。

（8）对农产品良好服务的需求。产品与服务已成为不可分割的消费整体，消费者在购买产品的同时，还购买了与产品相关的服务。优质的服务是所有消费者的期盼。

3.1.3 消费者购买农产品的心理动机

1. 认知消费者购买动机的概念

消费者购买动机是指消费者为了满足自己一定的需要而引起购买行为的愿望或观念，它能够引起消费者购买某一商品或劳务的内在动力。

2. 消费者购买动机的类型

消费者需求的多样性决定了购买动机的复杂性。据某些心理学家分析，驱使人们行为的动机有600种之多，这些动机按照不同的方式组合而交织在一起，相互联系、相互制约，推动人们沿着一定的方向行动，演奏出丰富多彩的人类社会生活的交响曲。在现实生活中，消费者的购买动机又呈现出一定的共性和规律性。概括起来，一般可以分为生理性和心理性两大类，见表3-1。

表3-1 消费者购买动机的类型

	生理性购买动机	心理性购买动机
消费者购买动机的类型	维持生命的购买动机	感情动机
	保护生命的购买动机	理智动机
	延续生命的购买动机	惠顾动机
	发展生命的购买动机	—

（1）生理性购买动机。生理性购买动机是指消费者为保持和延续生命而引起的各种需要所产生的购买动机。生理因素是引起消费者的生理性购买动机的根源，消费者为了使生命得以延续，就必须寻求温饱、安全，能够组织家庭和繁衍后代，同时还包括增强体质和智力的方法。这种购买动机是建立在生理需要的基础之上的，具体可以分为以下四种类型。

1）维持生命的购买动机。消费者饥时思食、渴时思饮、寒时思衣所产生的对食物、饮料、衣服等的购买动机均属于这一类。

2）保护生命的购买动机。消费者为保护生命安全的需要而购买商品的动机，如为治病而购买药品、为建住房而购买建筑材料等。

3）延续生命的购买动机。消费者为了组织家庭、繁衍后代、哺育儿女的需要而购买有关商品。

4）发展生命的购买动机。消费者为使生活过得舒适、愉快，为了提高文化科学知识水平，强身健体而购买有关商品的动机属于此类。

（2）心理性购买动机。心理性购买动机是指消费者的认知、情感和意志等心理过程引起的购买动机，消费者个体因素是引起心理性购买动机的根源，具体包括感情动机，理智动机和惠顾动机。

1）感情动机。它是指由于人的喜、怒、哀、乐等情绪和道德、情操、群体、观念等情感所引起的购买动机。消费者的需要是否得到满足，会引起对事物的好坏态度，从而产生肯定或否定的感情体验，而这些不同的感情体验反映在不同的消费者身上，就会体现出不同的购买动机。感情动机主要表现在求新、求名、求美、好胜等方面。

2）理智动机。它是指消费者对某种商品有了清醒的了解和认知，在对这个商品比较熟悉的基础上所进行的理性抉择和做出的购买行为。拥有理智动机的往往是那些具有比较丰富的生活阅历、有一定的文化修养、比较成熟的中年人。他们在生活实践中养成了爱思考的习惯，并把这种习惯转化到商品的购买当中。理智动机主要表现为求实、求康、求便等。

3）惠顾动机。它又称信任动机，是指基于感情和理智的处理，消费者对特定的商店、厂牌或商品，产生特殊的信任和偏好，习惯地，重复地前往购买的一种动机。产生惠顾动机的原因有信誉良好、服务周到、商品完备、价廉物美以及方便等诸多因素。

> **资料链接**
>
> 生态农产品网上销售成新宠。淘宝网最新数据显示，不少消费者开始转向网购有机食品。目前，淘宝生态农业频道有机农产品日均交易额突破50万元，全国每天平均有2万多户家庭通过这个"有机农产品市场"解决自家的"菜篮子"问题。通过淘宝网生态农业频道，轻点鼠标下单，快递就会送货上门。
>
> 淘宝网生态农业频道目前主要以有机农产品交易为主，包括蔬菜水果、肉禽蛋类和粮油副食等。在东北大米的店铺留言中，我们可以看到购买大米的消费者有不少是回头客，从第一次购买数千克逐步上升到20千克甚至更多。"以前在超市买有机大米，1千克5元左右，从淘宝7折左右买的同品牌有机米，煮的味道一模一样，尤其煮粥，入口味道非常好。""发货快、大米好，以后还来买。"如此等等，消费者留言铺满页面。有些产品外观很好看，但人们又担心有问题。而在网上购买，可以清楚地看到商家的资质介绍、水果产地和其他消费者的体验感受，反倒更放心一些，同时价格也便宜一大截。

> 随着有机食品逐步被消费者认可和春节等节假日的到来，一些有机类坚果近日交易额也呈上涨趋势。相比传统渠道，淘宝生态农业频道解决了食品安全中最难的信任问题，以前因为中间环节过多，消费者见不到真正的生产者，生产者也见不到消费者，信息严重不对称。
>
> 为解决这一问题，淘宝规定农场主的信息必须全部在店铺注明，注明生产地、生产过程和农产品安全标准等信息，农场的证书和有机码等数据和中国认证认可信息网数据中心直接对接。消费者可以通过淘宝生态农业频道的每一个商品信息，了解这个农产品的生产基地在哪里、生产环境如何、生产的规范、有效的认证资质等，并能通过产品包装上的有机码查询真伪，从而放心消费和食用。

3. 农产品消费者的购买动机

与传统产品购买心理动机相区别，对农产品消费而言，主要有以下几方面的购买心理动机，如图3-1所示。

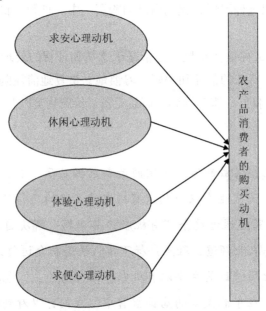

图3-1 农产品消费者的购买动机

（1）求安心理动机。农产品消费关系到每个人的生存和健康，随着人们生活消费水准的提高，人们对农产品的需求由追求能量型（温饱）向健康、安全、营养方面转变。

（2）休闲心理动机。随着社会经济的发展，人们开始认识"慢生活"，增强了对休闲生活的渴望，期望获得休闲农产品的消费。

（3）体验心理动机。城市化造成了环境污染、生活紧张、缺乏绿意的生活环境，使人们产生了逃离"压力山大"和"亲近大自然"的体验消费动机。

（4）求便心理动机。消费者把农产品使用方便和购买方便与否，作为是选择农产品消费和购买方式的第一标准。

3.1.4 基于消费者购买动机的农产品营销策略

1. 利用求安心理，开发绿色农产品

绿色农产品泛指安全、优质、无污染的农产品，包括无公害食品，绿色食品和有机食品。无公害农产品是指在良好的生态环境条件下，生产过程中符合规定的无公害农产品生产技术操作规程，产品不受农药、重金属等有毒、有害物质污染，或有毒有害物质控制在安全允许范围内的食品及其加工产品。无公害农产品是根据我国农产品生产和国民消费水平实际需要而提出来的，具有中国特色，是大众消费的、质量较好的安全农产品。无公害农产品需经省一级以上农业行政主管部门授权有关认证机构认证，经认证后允许使用无公害农产品标志。在未来一定时期内，这将是我国农业生产、农产品加工和国民消费的主流食品。

企业实施绿色农产品营销策路要做好以下几方面的工作。

（1）加强消费者对绿色农产品的认知。随着生活水平的提高，消费者对健康的关注增加，会越来越多地消费安全、有益健康的绿色农产品，但目前消费者的消费意愿没有被充分诱导出来。人们对绿色农产品的支付意愿不强烈，绿色农产品消费需求存在不足现象。

对绿色农产品了解越多，越有助于激发消费者内心对安全和健康的需要，进而提高对绿色农产品的消费。千万不能将绿色食品标志仅仅印在包装上一贴了事，要对消费者经常进行有效宣传，增强消费者对农产品安全问题的认识，对绿色食品标志的辨识。

（2）合理定价。要充分考虑生产成本、认证成本、目标市场消费群体的接受程度。如日本有机食品比普通农产品价格高10%以上，欧洲也比一般农产品高20%~50%，我国消费者愿意接受的绿色农产品价格比普通农产品一般高15%~25%。

（3）选择合适目标人群。消费者的年龄、经济状况、对健康、安全的忧虑意识，以及家庭中是否有未成年人都会影响其对绿色农产品的消费。我国绿色农产品消费群体主要有机关事业单位集团消费、以高级知识分子为主的白领阶层，年轻人和部分老年人、孕妇、产妇、婴幼儿为主的四类消费群体。

2. 利用休闲心理，开发休闲农产品

休闲农产品是指人们在闲暇、休息时消费的食用、把玩、观赏农产品，其主要功能为愉悦消费者的心情。如波力海苔为休闲食品、多肉植物为观赏植物。这类农产品主要消费群体是中、青年妇女，学生，儿童，外来游客和经常出差人员。

（1）吸引消费者的味蕾和眼球，推出美味、新颖的产品。让消费者难以抗拒产品美味、亮丽的诱惑。

（2）体现健康消费的理念。休闲农产品要确保无毒无害。特别是休闲食品要保证质量和良好风味，以低热量、低脂肪、低糖为产品开发的主流。

（3）借助文化娱乐元素。借助文化娱乐元素表达温馨、健康、纪念的信息，以期引起消费者对品牌的共鸣。如"吉祥三宝""田妈妈"等。

（4）包装玲珑方便购买。休闲农产品往往是旅途消费品或礼品，体积小包装美不仅携带方便，而且购买者以同样体积获得多份产品，可以低成本实现让更多亲朋好友分享。

3. 利用体验心理，开发观光农业园

观光农业园是以生产农作物、园艺作物、花卉、茶等为主营项目，让城市游客参与生产、管理及收获等活动，享受田园乐趣，并可进行欣赏、品尝和购买的农业园。

（1）因地制宜发展。观光农业园选址要符合"三边"条件，即城市周边、旅游景区周边、交通干线周边。

（2）适度规模经营，农业特色明显。具有鲜明的独特性和区域性，具有别人难以模仿的内涵和价值。

（3）突出新奇特，不断改造园区景观。观光农业园要充分利用农业自然景观、农业田园景观和农业生产景观，做好生产、生活环境整治。移步换景，处处是景，能够满足消费者摄影取景需要，适应当今手机一族利用微信、QQ、微博等自媒体传播。

（4）注重体验，让游客获得感受价值。让游客视觉体验，看到红花绿果、稻田画幅等；让游客听觉体验，听到潺潺流水、虫鸣鸟语等；让游客味觉体验，品尝农家豆腐、果菜茶饮等；让游客嗅觉体验，闻到花草芳香、体验清香迎面扑等；让游客触觉体验，动手采摘、制作、加工等。

资料链接

台北县士林区观光农园。中国台湾士林区内除农作物、花卉、蔬菜外，还有柑橘、柚子、莲雾、草莓和百香果等各种水果，是相当值得一游的休闲农园。士林区主要有以下几个观光农园。

（1）观光柑园。柑园的分布非常广，包括双溪、平等里、永公路、菁山路及文化大学附近，分为观光柑园和自助式柑园，前者提供民众采果，后者则让民众认养，认养者可于产期来此采果。

（2）观光柚园。在德行东路和至善路附近，前者以采果为主，后者提供多项游设施，如烤肉区、露营区、步道区、品茗区、实习菜园和可爱动物区。

（3）观光莲雾区。台北市仅有的观光莲雾园，主要分布在至善路三段，约有十多家果园，是以采果为主的纯果园

（4）观光草莓园。它位于平等里的平菁街，以采果为主，但另有相关副产品贩卖、如草莓露、李子露等佳酿。

（5）观光百香果园。它位于至善路三段一五零巷内，多为综合栽培农园，采果可在7月到11月的盛产期进行。

（6）观光菜园。园内栽种蔬菜依季节时令而有不同，冬春有甘蓝、芥菜、菠菜及萝卜，夏季为苋菜、莴苣、小白菜和苦瓜；秋天则是南瓜和冬瓜，一年四季都开放，可自行摘采，论千克计价。

（7）观光花圃。在平等里的平菁街，常见花卉为杜鹃、茶花，特别还有兰花的培植，如素心兰、报岁兰和虎头兰；春天花季时，处处可见花朵绚丽盛开，娇艳动人。

（8）市民农场。士林区的市民农场共有五家，均为多功能休闲农场，位于菁山路、平菁路上，除了农地外，还有溪流、森林步道、品茗区、烤肉区和钓鱼池等多种休息设施。

（资料来源：http:// travel maoming.cn/china. html）

4. 利用求便心理，开发数字化营销

所谓数字化营销，是以计算机网络技术为基础，通过电子商务来实现市场营销。它具有时间上的全天候特性、空间上的跨区域特性和结算的便捷性，物流的快捷性优势。

（1）目标人群定位。目标人群定位是农产品电商平台的首要考虑问题，如果目标人群定位在基本不会上网的老年人或消费能力低下的人群，那显然要面临亏损。

（2）选择品牌物流。由于农产品的特殊性，配送须要有冷藏冷冻的混合配送车辆，以及冷藏周转箱及恒温设备，否则产品质量再好，客户收到的也将是有质量问题的商品。所以物流配送及其成本将成为考验农产品电商平台的最大问题。

（3）提高农产品品质和标准化程度。同一批次以及不同批次农产品，外在规格、内在品质力求基本一致。

（4）注重网络宣传。电商平台既是一个交易平台，也是一个宣传窗口。要及时通过新闻播报、看图片、说故事等形式，展开对消费者群体的宣传，从而抓住消费者的心。

任务2　农产品消费者购买行为模式分析

3.2.1　认知农产品消费者购买行为模式的概念

农产品消费者购买行为模式直接反映农产品消费者的购买行为，通过对其进行分析，可以弄清农产品消费者购买行为的规律性及变化趋势。掌握农产品消费者购买行为规律，以便制定和实施与之相适应的市场营销战略和策略，这是农产品生产企业和经营者开展市场营销活动的思路与方法。农产品消费者购买行为模式，见表3-2。

表3-2　农产品消费者购买行为模式

（1）谁是购买者？	购买者
（2）购买什么？	购买对象
（3）为何购买	购买目的
（4）何时购买？	购买时间
（5）何处购买？	购买地点
（6）怎样购买？	购买行为

1. 分析谁是购买者

分析谁是购买者解决谁是农产品购买者和参与购买者的问题。这里分析以下问题：该市场由谁构成？谁购买？谁参与购买？谁决定购买？谁使用所购产品？谁是购买的发起者？谁影响购买？

通过谁是购买者和参与购买者的分析，明确了农产品的购买者，解决了两方面的问题：一是农产品生产企业如何选择经销商和消费者的问题；二是农产品生产企业和经销商有针对性地制定接待消费者、说服消费者和激发消费者购买策略的问题。

2. 分析购买什么

分析购买什么解决农产品消费者购买对象的问题。这里分析以下问题：消费者需要什么？消费者的需求和欲望是什么？对消费者最有价值的产品是什么？满足消费者购买愿望的效用是什么？消费者购买农产品想从中获得的核心利益是什么？

通过购买什么的分析，明确了农产品消费者的需求，解决了两方面的问题：一是农产品生产企业生产什么产品、销售什么产品的问题；二是经销商购进什么产品、销售什么产品的问题。

3. 分析为何购买

分析为何购买解决农产品消费者购买目的的问题，即购买动机。动机有实有虚。这里分析以下问题：购买的目的是什么？为何喜欢？为何讨厌？为何不购买或不愿意购买？为何买这个不买那个？为何买本企业产品而不买竞争者的产品？为何买竞争者的产品而不买本企业产品？

通过为何购买的分析，明确了消费者的购买目的，即消费者的买点，解决了两方面的问题：一是卖方即农产品生产企业和中间商如何确定产品利益点、卖点的问题，只有产品的利益点、卖点适应了消费者的利益点，买点才能实现交易；二是卖方即农产品生产企业和中间商如何确定推销产品利益点、卖点的问题。

4. 分析何时购买

分析何时购买解决农产品消费者购买时间的问题，即掌握农产品消费者购买的时间规律，包括关键月、关键日、关键时，以及消费者购买农产品的时令性、季节性。这里分析以下问题：何时购买？什么季节购买？何时需要？何时使用？曾经何时购买过？何时重复购买？何时换代购买？何时产生需求？何时需求发生变化？

通过何时购买的分析，明确了消费者购买农产品的时间规律，解决了两方面的问题：一是农产品生产企业何时生产产品、何时销售产品的问题；二是经销商何时购进产品、何时销售产品及确定营业时间的问题。

5. 分析何地购买

分析何地购买解决农产品消费者购买地点的问题，即"只适宜"或"最适宜"在某个地方购买。消费者对购买地点的选择有其规律性，农产品习惯于就近购买，当消费者对某一商家形成良好的印象时，便乐意经常到它那里购买，形成对购买地点的习惯性。这里分析以下问题：在城市购买还是在农村购买？在超市购买还是在农贸市场购买？在大商场购买还是在小商店购买？通过电视购买还是网上购买？

通过何地购买的分析，明确了农产品消费者的购买地点，解决了两方面的问题：一是农产品生产企业确定农产品销售形式的问题；二是经销商确定网点设立在什么地点、设立多少网点的问题，以及如何利用消费者对购买地点的习惯性提高服务质量、培养满意消费者和忠诚消费者的问题；三是电商企业如何利用消费者对购买地点的习惯性提高服务质量、培养满意消费者和忠诚消费者的问题。

6. 分析如何购买

分析如何购买解决农产品消费者购买行为方式的问题，即消费者的购买类型与支付方式。这里分析以下问题：农产品消费者如何决定购买行为？以什么方式购买？按什么程序购买？

通过如何购买的分析，明确了农产品消费者的购买方式，解决了两方面的问题：一是经销商、电商根据不同的购买类型为消费者提供针对性服务以提高服务质量的问题；二是为消费者提供多种购买方式、开展多种促销活动以激发消费者购买的问题。

 项目案例分析

新鲜鸡蛋引发购买狂潮

南京益洪生态养殖有限公司的老板刘莉兰有段时间伤透了脑筋，因为不知道如何让自己公司养殖的鸡蛋推销出去,鸡蛋市场早已被一些知名品牌占据,自己的产品拿什么和人家竞争。经过思考,刘莉兰突然想到,以前出国的时候看到国外超市里一周内的鸡蛋价格非常昂贵,而超过一周的鸡蛋会以很低的价格来处理。而在国内要想吃新鲜的鸡蛋也有一个时间过程,从农场到经销商,从经销商再到超市,从超市再到老百姓,怎么说也得有10天的时间。刘莉兰决定就从新鲜入手,可是怎样才能在第一时间把新鲜的鸡蛋送到消费者手里呢?

刘莉兰决定效仿社区送新鲜牛奶的做法,采用直销的方式从社区开始。

在社区咨询时,有的消费者会问:"打电话你就可以送来吗?"刘莉兰说:"可以,你一个月要订多少蛋,每天要多少蛋和我们说清楚,我们可以像送奶一样的送。这是我们的蛋箱,你可以每天拿钥匙开蛋箱取鸡蛋,一个月收一次钱。"还有的消费者会质疑鸡蛋是不是当天新鲜的,刘莉兰则回答说:"南京市有几万户订我们公司的鸡蛋,我们每天从山上采集好,把鸡蛋集体送到一个地点,然后由这个派送点进行派送。我们每天派送,这比超市的新鲜,时间最多为1~2天之间,这个我不能瞎说。"

鸡蛋不但新鲜,而且先吃蛋后付钱,刘莉兰打出的这个理念迎合了大多数人的消费心理。就这样,刘莉兰每天不停地在社区、学校、幼儿园这些地方穿梭,在不到半年的时间,就赢得了10万家固定的消费客户。

辩证性思考

该案例反映了农产品消费者消费心理的哪些变化?

(资料来源:www.sohu.com)

项目检测

营销知识目标检测

1. 农产品消费者需求的基本类型有哪些?
2. 农产品营销的心理策略有哪些?
3. 简述农产品消费者购买行为模式?

营销能力目标检测

检测项目:选择一家农产品生产企业,对该企业进行农产品消费者分析。

检测目的:通过检测,进一步熟悉、掌握农产品消费者分析的方法,能够进行农产品消费者分析。

检测要求:由班级学习委员组织全员分团队对农产品消费者市场进行分析、讨论、交流,教师进行评价。

项目4 农产品市场调查

项目目标

营销知识目标

掌握农产品市场调查的内容;掌握农产品市场调查的步骤和农产品市场调查的方法。

营销能力目标

能够运用农产品市场调查的方法,进行农产品项目调查。

项目导入案例

2017年南京市畜禽市场价格运行情况分析

2017年1~12月,全市农产品收购市场的同比价格指数平均值为95.19,环比价格指数平均值为102.34,价格运行趋势总体平稳,整体价格水平略低于去年。畜禽价格整体略低于去年,从环比看先跌后涨。

1)畜禽收购价先抑后扬。畜禽收购价格水平整体低于去年,下半年表现优于上半年。我市畜禽收购价格监测点数据显示:鲜奶收购价格运行平稳,全年价格区间为4.6~4.9元/kg,收购均价4.8元/kg,同比上涨4.44%。1~12月活鸭收购均价为6.9元/kg,与去年持平,其中,一季度收购均价同比下跌11.25%,二三四季度收购均价同比分别上涨1.85%,2.86%和3.11%。活鸡全年收购价均价为8元/kg,同比下跌15.54%,价格区间为4~10.9元/kg,期间价格波动较大。鸡蛋全年收购均价为6.4元/kg,同比下跌10.19%,1~7月鸡蛋收购均价由1月的6.1元/千克下跌至7月的3.1元/kg,进入8月,蛋价强势反弹,8~10月鸡蛋收购价格区间为7.7~9.2元/kg,高于去年同期水平。生猪收购价上半年持续下跌,由1月的每920元/920kg下跌至6月的672/50kg,进入下半年,生猪收购价格略有回暖,小幅攀升至12月的每768元/50kg。

2)畜禽批发价格先跌后涨。畜禽批发价格上半年明显下跌,下半年开始回暖,价格整体水平略低于去年。某批发市场数据显示:白条鸭批发价上半年保持稳定,下半年小幅攀升,全年批发均价同比上涨8.82%。白条鸡全年批发均价同比下跌12.66%,其中,一二三季度白条鸡批发价分别下跌5.56%,28%,24.8%,四季度白条鸡批发价格开始上涨,同比涨幅为8%。鸡蛋全年批发均价同比下跌4.95%,价格波动较大,一二季度鸡蛋批发价格同比下跌明显,跌幅分别为27.68%和22.53%;三四季度鸡蛋批发价格同比明显上涨,涨幅分别为9.58%和21.31%。猪肉产品中,五花肉、精瘦肉批发均价略高于去年,全年均价同比分别上涨2.32%、0.93%;白条肉、大排、仔排批发均价低于去年,全年批发均价同比分别下跌10.6%、9.95%、9.06%。

辨证性思考:农产品市场行情分析的意义是什么?

(资料来源:南京市农业委员会网站)

任务1 农产品市场调查的内容

4.1.1 认知农产品市场调查的概念

农产品市场调查是指用科学的方法,有目的、系统地搜集、记录、整理和分析农产品市场情况,了解农产品市场的现状及发展趋势,为农产品生产和经营者制定计划、制定经营决策提供正确的依据。

农产品市场调查是农产品营销活动的起点,在调查活动中通过收集、整理和分析农产品市场信息,掌握农产品市场发展变化的规律和趋势,为农产品经营者进行市场预测和决策提供可靠的数据和资料,从而合理安排生产经营活动。

4.1.2 农产品市场调查的内容

农产品市场调查的内容涉及农产品营销活动的整个过程,主要包括:

1)农产品市场环境的调查。市场环境调查主要包括经济环境、政治环境、社会文化环境、科学环境和自然地理环境等。具体的调查内容可以是市场的购买力水平,经济结构,国家的方针、政策和法律法规,风俗习惯,科学发展动态,气候等各种影响市场营销的因素。

2)农产品市场需求调查。市场需求调查主要包括消费者需求量调查、消费者收入调查、消费结构调查、消费者行为调查,包括消费者为什么购买、购买什么、购买数量、购买频率、购买时间、购买方式、购买习惯、购买偏好和购买后的评价等。

3)农产品市场供给调查。市场供给调查主要包括产品生产能力调查、产品实体调查等。具体为某一产品市场可以提供的产品数量、质量、功能、型号和品牌等,生产供应企业的情况等。

4)农产品市场营销因素调查。市场营销因素调查主要包括产品、价格、渠道和促销的调查。产品的调查主要有了解市场上新产品开发的情况、设计的情况、消费者使用的情况、消费者的评价、产品生命周期阶段、产品的组合情况等。产品的价格调查主要有了解消费者对价格的接受情况，对价格策略的反应等。渠道调查主要包括了解渠道的结构、中间商的情况、消费者对中间商的满意情况等。促销活动调查主要包括各种促销活动的效果，如广告实施的效果、人员推销的效果、营业推广的效果和对外宣传的市场反应等。

5）农产品市场竞争情况调查。市场竞争情况调查主要包括对竞争企业的调查和分析，了解同类企业的产品、价格等方面的情况，他们采取了什么竞争手段和策略，做到知己知彼，通过调查帮助企业确定企业的竞争策略。

任务2　农产品市场调查的步骤和方法

4.2.1　农产品市场调查的步骤

农产品市场调查是由一系列收集和分析市场数据的步骤组成。某一步骤做出的决定可能影响其他后续步骤，某一步骤所做的任何修改往往意味着其他步骤也可能需要修改。

1. 确定问题与假设

由于农产品市场调查的主要目的是收集与分析资料，使农产品经营者更好地做出决策，以减少决策的失误，因此调查的第一步要求决策人员和调查人员认真地确定研究目标。俗话说："对一个问题做出恰当定义等于解决了一半"。在任何一个问题上都存在着许许多多可以调查的事情，如果对该问题不做出清晰的定义，那就会起到事倍功半的效果。做出假设、给出研究目标的主要原因是为了限定调查的范围。

2. 确定所需资料

确定问题和假设之后，下一步就应决定要收集哪些资料，这自然应与调查的目标有关。

3. 确定收集资料的方式

制定收集所需信息的最有效的方式有数据来源、调查方法、调查工具、抽样计划及接触方法。

如果没有适用的现成资料（第二手资料），原始资料（第一手资料）的收集就成为必需步骤。采用何种方式收集资料，这与所需资料的性质有关。它包括实验法、观察法和询问法。

4. 抽样设计

在调查设计阶段就应决定抽样对象是谁，这就提出抽样设计问题。其一，究竟是概率抽样还是非概率抽样，这具体要视该调查所要求的准确程度而定。概率抽样的估计准确性较高，且可估计抽样误差，从统计效率来说，自然以概率抽样为好。不过从经济观点来看，非概率抽样设计简单，可节省时间与费用。其二，一个必需决定的问题是样本数目，而这又需考虑到统计与经济效率问题。

5. 数据收集

数据收集必需通过调查员来完成，调查员的素质会影响到调查结果的正确性。调查员以大学的市场学、心理学或社会学的学生最为理想，因为他们已受过调查技术与理论的训练，可降低调查误差。

6. 数据分析

资料收集后，应检查所有答案，不完整的答案应考虑剔除，或者再询问该应答者，以求填补资料空缺。

资料分析应将分析结果编成统计表或统计图，方便读者了解分析结果，并可从统计资料中看出与第一步确定问题假设之间的关系。同时又应将结果以各类资料的百分数与平均数形式表示，使读者对分析结果形成清晰对比。不过各种资料的百分数与平均数之间的差异是否真正有统计意义，应使用适当的统计检验方法来鉴定。资料还可运用相关分析、回归分析等一些统计方法来分析。

7. 调查报告

市场调查的最后一步是编写一份书面报告。一般而言，书面调查报告可分专门性报告和通俗性报告两类。

专门性报告的读者是对整个调查设计、分析方法、研究结果以及各类统计表感兴趣者，他们对市场调查的技术已有所了解。而通俗性报告的读者主要兴趣在于听取市场调查专家的建议。

4.2.2 农产品市场调查的方法

农产品市场调查的方法主要有观察法、实验法、访问法和问卷法。

（1）观察法。观察法是社会调查和市场调查研究的最基本的方法。它是由调查人员根据调查研究的对象，利用眼睛、耳朵等感官以直接观察的方式对其进行考察并搜集资料。例如，市场调查人员到被访问者的销售场所去观察商品的品牌及包装情况。

（2）实验法。由调查人员根据调查的要求，用实验的方式，对调查的对象控制在特定的环境条件下，对其进行观察以获得相应的信息。控制对象可以是产品的价格、品质、包装等，在可控制的条件下观察市场现象，揭示在自然条件下不易发生的市场规律，这种方法主要用于市场销售实验和消费者使用实验。

（3）访问法。该法可以分为结构式访问、无结构式访问和集体访问三种。结构式访问是事先设计好的、有一定结构的访问问卷的访问。调查人员要按照事先设计好的调查表或访问提纲进行访问，要以相同的提问方式和记录方式进行访问。提问的语气和态度也要尽可能地保持一致。

无结构式访问的没有统一问卷，由调查人员与被访问者自由交谈的访问。它可以根据调查的内容，进行广泛的交流。如：对商品的价格进行交谈，了解被调查者对价格的看法。

集体访问是通过集体座谈的方式听取被访问者的想法，收集信息资料。可以分为专家集体访问和消费者集体访问。

（4）问卷法。问卷法它是通过设计调查问卷，让被调查者填写调查表的方式获得所调查对象的信息。在调查中将调查的资料设计成问卷后，让接受调查对象将自己的意见或答案，填入问卷中。在一般进行的实地调查中，以问答卷采用最广。

> **实用链接**
>
> 绿色农产品消费心理与行为现状调查
>
> 尊敬的女士/先生：
>
> 您好！
>
> 为了能使绿色农产品更适合市场的需要，促进绿色农产品的健康发展，我们对农产品的市场情况进行调查。希望您在百忙之中抽空配合我们的调查，谢谢！
>
> 1. 请选择城市：
>
> ＿＿＿＿＿＿＿＿＿＿＿＿＿＿＿＿＿＿＿＿＿＿＿＿
>
> 2. 你的性别
>
> ○男 ○女
>
> 3. 你的职业是？
>
> ＿＿＿＿＿＿＿＿＿＿＿＿＿＿＿＿＿＿＿＿＿＿＿＿
>
> 4. 你的工资大概
>
> ○0～2 000元
>
> ○2 000～3 000元
>
> ○3 000～4 000元
>
> ○4 000～5 000元
>
> 5. 是否了解过绿色农产品？
>
> ○是 ○否
>
> 6. 是否够买过绿色农产品？
>
> ○是 ○否
>
> 7. 你购买绿色农产品的原因是？
>
> ○安全
>
> ○口味
>
> ○外观
>
> ○口碑

○服务

○营养

○新鲜

○便利

8. 如果购买，你会选择买以下哪些农产品？

○水果类

○禽蛋类

○杂粮类

○蔬菜类

○主食类

9. 如果够买，你会选择去以下哪些地点购买？

○周围菜市场

○大型超市

○网购

○农村市场

○绿色农产品专卖店

○其他

10. 你认为绿色农产品价格合理吗？

○合理

○不合理

11. 你希望从哪些途径认识绿色农产品的信息呢？

○电视，广播

○朋友，亲戚介绍

○微信推荐

○网络媒体

○社会实践

○其他

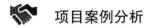
项目案例分析

杭州大米市场调查报告

一、引言

俗话说："民以食为天"。大米作为我们日常生活的主粮之一，在我们的粮食消费中占有举足轻重地位。我国是大米生产和消费大国，稻谷播种面积和产量均居全国粮食作物首位。现阶段我国稻谷年产量约为1.9亿吨，折合大米产量1.3亿吨，约占全国粮食总产量的40%和世界稻谷总产量的30%左右。全国有60%的人口以大米为主食，年消费量1.35亿吨。

近日，通过对所选择的杭州市各大米销售点进行走访调查，初步熟悉了杭州大米市场的状况，了解到相关产品的市场销售情况以及相关竞争市场状况，通过有关信息的整理与分析，对杭州的整个大米市情况做了如下分析和总结。

二、调查情况

1）调查方式：在不同的地点不同的场所采取走访、观察、询问等方式进行调查。

2）调查区域。西湖区、拱墅区。

3）调查日期。2007年11月。

4）调查对象。各区域的卖场、超市、便利店和批发市场、粮油店等。

三、基本情况分析

（1）地区分布。大米是不可缺少的生活消费品，在走访的各个区域，如西湖片区的大大小小的粮油行、社区便利店、商超等经营场所都发现有东北牌大米销售，而且售价较高。从总体看来各品牌的米分布不均匀，但是，东北大米在西湖、拱墅片区市场占有率较高，主要在粮油店、社区便利店内销售，而且数量较多；而在翠苑，华商有物美、世纪联华、欧尚等较大超市，东北大米在此地的产品铺货率略低于江苏、安徽大米等米业。

（2）经营方式。大米经营主要以特约经销商、批发、零售方式。在调查时发现，大米的销售主要分布在各区域的超市、社区便利店、粮油行等场所。杭州有粮油批发交易市场、萧山粮油市场、物美文一店、世纪联华商店、欧尚、各地区的粮油行。其中，大部分粮油行在消费者购买达到一定的数量时候，对其周围有送货上门的服务。

（3）市场品牌及其销售情况。经过调查统计，杭州大米市场其他的大米品牌有：袁老太、东北银珠、老百姓、正大泰国大米、五常、秋然、双兔、三宝、东北松莹方正、东北一见钟情、祥兴、板桥、广富米王、鑫盛、逢来、正大泰国大米等其他大米品牌。调查发现，双兔、东北松莹方正长粒香销量最为明显。双兔进入杭州市场时间较早，自2005年起，加大了超市的铺货力度，散装米和袋装米（10kg，20kg，50kg）均占据有利位置，物美、世纪联华、各社区百姓超市和利民超市、西湖片区的一些社区的便利店等都有辅货；东北松莹方正长粒香进入杭州市场较晚，但渗透迅速，定位明确，主要以酒店、超市等渠道为主，在社区也占有一定的份额。

东北大米销量明显高于其他大米。主要体现在以下几方面。

一是东北长粒香大米销量增多。

二是东北长粒香大米的品牌增多。

三是购买东北长粒香大米的回头客增多。

（4）销售价格。在被调查的区域，根据各大米品种不同，其价格也参差不齐。香米类普遍高于其他米的价格，一般在2.6~3.8元/500g，袋装米的价格较之散装米价格略高。一些大米如双兔、老百姓等，因其品牌、质量、消费者印象等因素，价格也略高于同品类的大米。

但总体上看，一般在1.5~2.5元/500g，这个价位的大米销售情况最好，但一些地方性品牌中，绝大多数价格明显偏低。

（5）消费群体。在消费群体的调查方面，经常性购买大米的消费者，女性明显高于男性，且以中年女性为主，年龄段大约在30~50岁。比如在世纪联华华商店的大米销售区，买者众多，主要以家庭妇女、退休老人为主，通过访谈得知，他们买米时大米质量辨别仔细，平时关注大米价格变化。部分消费者只是根据自己的经验、喜欢的口感购买。一般选择中等价位的大米品种。

（6）产品关注点。消费者购买大米时最关心的几大因素有质量、价格、服务态度及品牌等，据调查资料显示，其中以质量为关心度最高，说明消费者对产品质量的重视程度。另外，批发商、分销商也同样关心大米质量，以求较长时间的储存，不易变质。

四、总结分析

总体说来，2006年杭州市粮油批发交易市场大米走势总体以平稳为主基调，大米价格波动的幅度非常小，其中晚粳米价格呈稳中有升的态势，而晚籼米价格则呈稳中下跌的态势。现在把2006年杭州大米市场的主要特点总结如下：

◇ 大米价格走势各异。

◇ 大米价格涨跌不一。

◇ 东北大米价格涨幅最高。

◇ 大米价格波动幅度较小。

◇ 东北大米的销量减少。

◇ 上半年安徽晚粳米销量力拔头筹。

◇ 国内稻米市场供应依然偏紧,影响着杭州市场。

◇ 大米保管成本增加,影响杭州大米价格。

◇ 汽油、柴油价格上涨,影响杭州大米价格。

◇ 安徽大米在杭州市场的销售期延长了一个月。

辩证性思考

根据以上调查报告内容,如果你是杭州当地的大米批发商,你将做出哪些经营决策?

(资料来源:百度文库)

项目检测

营销知识目标检测

1. 农产品市场调查的内容有哪些?
2. 农产品市场调查的步骤和方法有哪些?

营销能力目标检测

检测项目:选择一家农产品生产企业,对该企业进行农产品项目调查。

检测目的:通过检测,进一步熟悉、掌握农产品市场调查分析的方法,能够进行农产品项目调查。

检测要求:由班级学习委员组织全员分团队对农产品项目调查进行分析、讨论、交流,教师进行评价。

项目5　农产品目标市场选择

项目目标

营销知识目标

理解农产品市场细分的含义、作用、方法和程序，掌握农产品市场细分的依据；理解农产品目标市场的含义，选择条件和农产品市场定位的含义；掌握农产品目标市场的策略和农产品市场定位的策略。

营销能力目标

能够运用农产品市场细分、农产品目标市场选择及农产品市场定位的方法，进行农产品目标市场选择。

项目导入案例

鲜切水果配送——水果细分市场的新领域

在黑龙江大学学习平面设计与计算机专业的小李和小孙，2015年毕业后来到北京，在国贸商业区工作。由于厌倦了朝九晚五的工作节奏和每天吃口味雷同的快餐，他们萌生了自主创业的念头。做哪行呢？他们发现许多写字楼白领虽然上班有带水果，但没时间洗，品种又单一，常抱怨没时间吃水果。他俩决定创办一家鲜切水果送餐公司，专为在写字楼工作的白领送鲜切水果。

2017年5月，两人开始着手查找资料、搜集数据、分析创业可行性，发现鲜切水果配送在国外已是一种相当专业化的老行当，而在北京除某些快餐公司在快餐盒里放点果品点缀外，还没有一家专营鲜切水果的送餐公司。兴奋之余他们很快就开设了"吧咔啦咔"水果网，并注册了公司。"吧咔啦咔"是个拟声词，表现人们享受美味时嘴里发出的声音。他们给公司起这个名，就是希望人们一看到这个词就能想到各种美食。

为调查各栋写字楼的入住率，了解"白领"们对水果口味的需求，两人从几个大型水果批发市场采购来各种新鲜水果，洗净后精心切成大小适中的块，搭配好，进行分装，开始在建外SOHO一栋写字楼里尝试免费发送。半天时间，100多份水果就发完了，数百位公司员工接受了他们递上的名片广告。

在两人满怀期待地等待咨询电话的第一周里，铃声一共只响了7次，但坚持和耐心使他们很快有了回报。之后的几个月里，每天都有二三十个电话打进来，客户群的建立和对他们产品的认可给了小李和小孙极大的鼓励，也让他俩坚定了信心。

为了提高知名度，扩大经营范围，两个年轻人除了坚持亲自入户宣传，还及时地利用起"白领"们会经常使用到的微信、微博、QQ、E-mal等网络信息传播工具进行产品推广。渐渐地，对鲜切水果配送感兴趣的客户越来越多。

随着业务的不断扩大，两人在四惠附近租下一间仓库装修成水果加工厂，又投入数万元购买了专业的清洗、消毒、切制和分装设备。水果餐一份价格9元，颇受欢迎，头一个月两人就送出了数千元的水果餐，最多的一天，签了20多个包次和包月客户。如今，公司已设有专门的接线员、加工员和配送员，还成立了客服中心，并签下两家固定的水果供货商。现在公司每月都要送出数万元的水果，国贸地区70多栋写字楼已经被他们"占领"，其中一栋写字楼每月要发来2万多元的果品订单，小哥俩的创业梦正在一步步实现。

辩证性思考：两个年轻人创业成功的秘密是什么？

（资料来源：大学生创业做水果快餐赚大钱，周建冲）

任务1 农产品市场细分

5.1.1 认知农产品市场细分的概念

农产品市场细分就是根据农产品总体市场中不同消费者在需求特点、购买行为和购买习惯等方面的差异性，把农产品总体市场划分为若干不同类型的消费者群的过程。每一个消费者群就是一个细分市场，即子市场。每一个细分市场都是由具有类似需求倾向的消费者构成的群体，分属于不同细分市场的消费者对同一农产品的需求与欲望存在明显的差异。

随着农产品的极大丰富及消费行为的多样化，消费者对农产品的需求、欲望、购买行为及对农产品营销者的营销策略的反应等表现出很大的差异性，这种差异性使农产品市场细分成为可能。农产品企业为了求得生存和发展，在竞争激烈的市场上站稳脚跟，就必须通过市场调研，根据消费者的需要与欲望、购买行为、购买习惯等方面的差异性，通过市场细分，发现市场机会。

5.1.2 农产品市场细分的作用

1. 进行农产品市场细分，有利于发现市场营销机会

市场机会是已经出现在市场但尚未加以满足的需求。运用市场细分手段，农户不仅可以找到对自己有利的目标市场，推出相应的产品，并根据目标市场的变化情况，不断改进老产品，开发新产品，开拓新市场。北方一些农民把鸡蛋的蛋黄和蛋清分开卖，拆零拆出了大市场。爱吃蛋黄的消费者买蛋黄，爱吃蛋清的消费者买蛋清，各有所爱，各得其便。消费者得到了实惠，卖方也赚到了以前赚不到的钱。

2. 进行农产品市场细分，能有效地制定最优的营销策略

市场细分是市场营销组合策略运用的前提，即农产品生产经营者要想实施市场营销组合策略，首先必须对市场进行细分，确定目标市场。因为任何一个优化的市场营销组合策略的制定，都是针对所要进入的目标市场。离开目标市场，制定市场营销策略就是无的放矢，这样的市场营销方案是不可行的，更谈不上优化。如近年来我国苹果生产连年获得丰收，市场相对饱和，市场销售不畅，价格下跌，果农一筹莫展。然而在这种情况下，美国的华盛顿州苹果却在北京、上海、广州等城市登陆，在强劲的宣传攻势下，占领了中国的苹果市场。分析其成功的原因，除了对营销环境的充分了解、优化的市场营销组合战略、成熟的营销战略操作机构之外，正确的市场细分和目标市场选择起了非常重要的作用。

3. 进行农产品市场细分，有利于农户扬长避短，发挥优势

每一个农户的经营能力对整体市场来说，都是极为有限的。所以，农户必须将整体市场细分，确定自己的目标市场，把自己的优势集中到目标市场上。否则，农户就会丧失优势，从而在激烈的市场竞争中遭到失败。

4. 进行农产品市场细分，有利于开发新产品，满足消费者多样化的需求

当众多的生产者奉行市场细分战略时，那些尚未满足的消费需要就会逐一成为不同生产者的一个又一个的市场机会，新产品层出不穷，市场上产品的种类、花色、品种增多，人们生活的质量也相应地得到提高。

5.1.3 农产品市场细分的依据

当前农产品卖难是个普遍的现象，这在很大程度上是因许多农户、农产品加工企业并没有真正对市场细分所致。有的自认为"细分"了，实际上却分得很粗，比如把蛋类分为鸡蛋、鸭蛋等大类别，把鸡肉加工分为烤鸡、炸鸡等不同加工方法的大类别等，结果导致生产经营趋同化，竞争更加激烈。同样是细分，一只鸡能被内蒙古草原兴发集团开发出140余种深加工产品，仅鸡胸肉就有8个产品之多。

农产品市场细分的依据是消费者需求的多样性、差异性。消费者对农产品的需求与偏好主要受地理因素、人口因素、心理因素、购买行为因素等方面的影响。因此，这些因素都可以作为农产品市场细分的依据。

1. 地理因素

按照消费者所处的地理位置、自然环境不同来进行市场细分，简称地理细分。比如，根据国家、地区、城市规模、气候、人口密度和地形地貌等方面的差异将整体市场分为不同子市场。地理因素之所以作为市场细分的依据，是因为处在不同地理环境下的消费者对于同一类产品往往有不同的需求与偏好，他们对企业采取的营销策略与措施会有不同的反应。例如，我国东南部地区主食总体上以米类为主，而西北地区以面食为主，因此这两大地区分别对水稻和小麦有不同的生产和生活上的需求。再如在我国南方沿海一些省份，某些海产品被视为上等佳肴，而内地省份的许多消费者则觉得味道平常。又如，考虑到我国市场营销环境的差异性很大，华龙集团制定了区域产品策略，最大限度地分割当地市场，因地制宜，各个击破。其产品在河南有"六丁目"，东北地区有"东三福"，山东有"金华龙"等。

地理变量易于识别，是细分市场应考虑的重要因素，但处于同一地理位置的消费者需求仍会有很大差异。比如，在我国的一些大城市，如北京、上海，流动人口逾百万，这些流动人口本身就构成一个很大的市场，很显然，这一市场有许多不同于常住人口市场的需求特点。因此，简单地以某一地理特征区分市场，不一定能真实地反映消费者的需求共性与差异，企业在选择目标市场时，还需结合其他细分变量予以综合考虑。

2. 人口因素

以人口统计变量，如年龄、性别、家庭规模、家庭生命周期、收入、职业、教育程度、宗教、种族、国籍等为基础进行市场细分，简称人口细分。消费者需求、偏好与人口统计变量有着很密切的关系。比如，只有收入水平很高的消费者才可能成为高档服装、名贵化妆品、高级珠宝等的经常买主。人口统计变量比较容易衡量，有关数据相对容易获取，因此企业经常把它作为细分市场的依据。例如，华龙集团根据收入因素推出不同档次的产品，2000年以前，华龙主推的大众面有"108" "甲一麦" "华龙小仔"，中档面有"小康家庭" "大众三代"，高档面有"红红红" "煮着吃"。同时，华龙集团根据年龄因素还推出适合少年儿童的"A小孩"干脆面系列和适合中老年人的"煮着吃"系列。

除了上述几方面，经常用于市场细分的人口变数还有家庭规模、国籍、种族、宗教等。实际上，大多数公司通常是采用两个或两个以上人口统计变量来细分市场。

3. 心理因素

按照地理标准和人口标准划分的处于同一群体中的消费者对同类产品的需求仍会显示出差异性，这可能是消费者心理因素在发挥作用。心理因素包括个性、购买动机、价值观念、生活格调和追求的利益等变量。消费者在购买农产品时，有不同的购买动机，如有求实动机、求廉动机、求名动机、求美动机、嫌贵动机和好奇动机等。有些老年人买菜专挑便宜的买，是出于求廉动机；有些年轻人买菜专买自己没有吃过的特菜，是出于好奇动机。

4. 行为因素

消费者购买行为的变量很多，如消费者进入市场的程度、购买或使用商品的动机、购买的数量规模、对商品品牌的忠诚度等。根据购买者对产品的了解程度、态度、使用情况及反应等将他们划分成不同的群体是行为细分。行为变数能更直接地反映消费者的需求差异，因而成为市场细分的最佳起点。比如，根据顾客是否使用和使用程度细分市场，通常可分为经常购买者、首次购买者、潜在购买者和非购买者。根据消费者使用某一产品的数量大小细分市场，通常可分为重度使用者、中度使用者和轻度使用者。消费者购买某种产品总是为了解决某类问题，满足某种需要。然而，产品提供的利益往往并不是单一的，而是多方面的。消费者对这些利益的追求往往会有所侧重，比如生产果珍之类清凉解暑饮料的企业，可以根据消费者在一年四季对果珍饮料口味的不同要求，将果珍市场消费者划分为不同的子市场。根据人们偏好不同，把猪肉分割为瘦肉、排骨、肥肉和猪皮；把鸭子的舌头、翅膀、脚板、鸭肠、鸭肝等分割开来，加工成特色产品；鱼也可按需分割为鱼头、鱼身、鱼尾、鱼子、鱼肚等产品上市。

以上是根据单因素细分，还可以根据多因素细分，如选定京津蔬菜市场，应考虑农产品质量是高档还是低档，价位是高价还是低价；若选择高收入家庭作为目标市场，应开发高档次和较高价位农产品。

根据细分变数划分出的农产品细分市场是否具有开发价值，还需看农产品细分市场是否具有足够的购买力、农产品市场规模是否可以盈利、农业厂商是否有能力进入所要选定的农产品市场。

5.1.4 农产品市场细分的原则

并不是所有的市场细分都是合理有效的，要使市场细分有效，必须做到以下几点。

1. 可衡量性

其指用来细分市场的标准和细分后的市场规模是可以衡量的。这样才便于经营者进行分析、比较和选择，否则，对经营者就没有任何意义。

2. 可进入性

其指经营者有能力进入将要选定的目标市场。如果经营者无能力进入所选定的目标市场，那么，这样细分显示出来的市场机会就不是经营者的营销机会。

3. 可盈利性

其指经营者要进入的细分市场规模必须保证经营者能够获得足够的经济效益，如果市场规模太小、潜力有限，这样细分出来的市场对经营者营销来说就毫无意义。

4. 可区分性

细分市场在观念上能被区别，并且对不同的营销组合因素和方案有不同的反应。细分的程度要适度，不是分得越细越好，反对"超细分"。

市场细分的好处是显而易见的：对于消费者而言，在细分市场下，自己的需求总是能够不断地得到更大程度的满足；对于生产者而言，每满足消费者一个新的需求，就意味着开辟了一块新的市场空间，或者在某一领域的竞争中占领了先机。因此，不管是商家还是厂家，都非常注重依靠市场细分来开辟市场，寻找增值的空间，而消费者总是在这样的"被细分"中享受到更加完善的服务。

5.1.5 农产品市场细分的方法和步骤

1. 农产品市场细分的方法

（1）单一变数法。单一变数法是指根据市场营销调研结果，选择影响消费者或用户需求最主要的因素作为细分变量，从而达到市场细分的目的。如按年龄对奶粉的所有消费者进行划分，就可分为婴幼儿奶粉、小童奶粉、学生奶粉、中老年奶粉等不同阶段的奶粉，每一个年龄段的消费者群即为一个细分市场（见表5-1）。

表5-1　单一变数法对奶粉市场的细分

消费者年龄	婴幼儿	少儿	青少年	中老年
奶粉	婴幼儿奶粉	小童奶粉	学生奶粉	中老年奶粉

（2）综合变数法。综合变数法就是选择两个或三个影响消费者需求的细分依据进行市场细分的方法。以消费者习惯和购买者类型两个因素作为细分变量。如以消费者习惯为变量可将肉鸡市场分为：净膛全鸡、分割鸡、鸡肉串三类需求子市场。按购买者类型不同可将市场分为饮食业用户、团体用户和家庭用户三个需求子市场。两个变数交错进行细分，肉鸡市场就分为九个细分市场（见表5-2）。

表5-2　综合变数法对肉鸡市场的细分

消费者习惯	饮食业用户	团体用户	家庭用户
净膛全鸡	A	D	G
分割鸡	B	E	H
鸡肉串	C	F	I

（3）系列变数法。系列变数法就是根据影响消费者需求的各种因素，按照一定的顺序由粗到细进行细分的方法。如以年龄、性别、收入、职业、文化程度、住地等多种因素对果汁市场进行细分（见图5-1）。

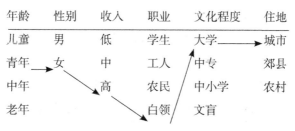

图5-1　系列变数法对果汁市场的细分

2. 农产品市场细分的步骤

市场细分就是依据顾客需求差异"同中求异，异中求同"的过程，也就是调研、分析和评估的过程。其具体过程可分为以下六步。

（1）分析产品，确定营销目标。经营者要了解自己农产品的生产优势、劣势、产品特色及具备什么样功能，这是细分的基础。

（2）分析消费者各种需求。从现在需求、潜在需求出发，尽可能详细列出消费者各种需求。

（3）划分消费者不同类型。按需求不同，划分出各类消费者类型，分析他们需求的具体内容，然后按一定标准进行细分。

（4）选定目标市场。将产品特点、经营者经营能力同各细分市场特征进行比较，选出最能发挥经营者和产品优势的细分市场作为目标市场。

（5）进一步认识各细分市场特点。测量各分市场大小，考虑各分市场有无必要再作细分，或重新合并。

（6）选定目标市场，制定营销策略。

任务2 农产品目标市场选择

5.2.1 认知农产品目标市场的概念

作为一个企业，无论规模多么大，都无法满足所有消费者的全部需求，必须把企业的营销活动规定在一定的市场范围内，才能集中使用企业的人力、物力、财力，保证营销目标的实现，避免资源浪费。所以企业必须在市场细分的基础上，选择自己的目标市场，制定相应的营销策略。

目标市场是指通过市场细分，被企业所选定的，准备以相应的产品和服务去满足其现实或潜在的消费需求的那一个或几个细分市场。市场细分与目标市场的选择有着密切的关系，它们既有联系，又有区别。市场细分是按不同的消费需求划分消费者群的过程；而目标市场选择是企业选择一个或几个作为自己营销对象的细分市场。因此，市场细分是选择目标市场的前提，选择目标市场则是市场细分的目的和归宿。

农产品目标市场是指在市场细分的基础上，农产品企业决定进入并为之服务的农产品市场。选择和确定农产品目标市场，是农产品企业制定市场营销策略的首要内容和基本出发点。

市场细分与目标市场选择的联系与区别，见表5-3。

表5-3 市场细分与目标市场选择的联系与区别

	联 系	区 别
市场细分	是目标市场选择的前提和基础	按一定的标准划分为不同消费群体
目标市场	是市场细分的目的和归属	根据自身条件选择一个或一个以上细分市场作为营销对象

5.2.2 选择农产品目标市场的条件

一个理想的目标市场必须具备以下三个基本条件。

（1）要有足够的销售量，即一定要有尚未满足的现实需求和潜在需求。这个问题对于一般小型农户来说问题不大，而对于规模较大的农产品生产者来说就显得非常重要。

（2）经营者必须有能力满足这个市场需求。其指公司能有效进入细分市场并为之服务。某些细分市场很容易接近，如女性市场（细分变量：性别）、学生市场（细分变量：职业）和年轻人市场（细分变量：年龄）。但有些市场则很难接近。例如，一家粮食销售企业虽然细分了10个细分市场，但是职工人数太少，无法为每个细分市场制定相应的营销策略。

（3）在这个市场中必须具有竞争的优势。市场竞争可能有多种情况，如品牌、质量、价格、服务方式、人际关系等，但总的来说，可以分为两种基本类型：一是在同样条件下比竞争者定价低；二是提供满足消费者的特种需要的服务，从而抵消价格高的不利影响。农户在与市场同类竞争者的比较中，应分析自己的长处，自己的短处，尽量扬长避短，或以长补短，从而超越竞争者占领目标市场。

5.2.3 确定农产品目标市场的模式

目标市场有大有小，但归纳起来有5种层次的目标市场，也产生了5种选择。表5-2中，横向是3个市场，纵向是3种商品，合计有9个细分市场，如A就是饮食业用户的净膛全鸡市场，E就是团体用户的分割鸡市场等。

1. 单一产品单一市场

单一产品单一市场是经营者在所有细分市场中只选择一个作为自己目标市场的过程，也就是只全力生产一种产品，供应某一顾客群（见图5-2）。如经营者选择B，就是专门针对饮食业用户经营分割鸡，满足饮食业用户对分割鸡的需求。

2. 多个市场单一产品

多个市场单一产品是经营者在所有细分市场中横着选，把一个产品类别作为目标市场的过程（见图5-3），也就是经营者只生产一种产品，但针对各类用户经营。如经营者选择B，E，H，就是专业经营分割鸡，但面向各类用户销售。

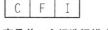

图5-2 单一产品单一市场选择模式　　图5-3 多个市场单一产品选择模式

3. 单一市场多种产品

单一市场多种产品是经营者在所有细分市场中竖着选，把一个市场类别作为目标市场的过程（见图5-4）。也就是经营者的生产满足某一类用户对各种产品的需求，如经营者选择A，B，C，就是专门为饮食业用户提供各类鸡肉产品。

4. 多个市场多种产品

多个市场多种产品是经营者在所有的细分市场中有选择地选取某几个细分市场作为目标市场的过程（见图5-5）。如经营者选择B，D，I，则专注于为饮食业用户提供分割鸡，为团体用户提供净全鸡，为家庭用户提供鸡肉串。

图5-4　单一市场多种产品选择模式　　图5-5　多个市场多种产品选择模式

5. 全面覆盖市场产品

全面覆盖市场产品是经营者选择所有的细分市场为目标市场的过程，也就是经营者为所有的顾客提供其所需的各种产品（见图5-6）。如经营者选择了A，B，C，D，E，F，G，H，I全部9个细分市场，这是大经营者选择目标市场的模式。

图5-6　全面覆盖市场产品选择模式

5.2.4　农产品目标市场营销策略

为了有效地进入目标市场，农产品企业可以采用不同的目标市场策略，一般有以下三种。

1. 无差异性目标市场营销策略

无差异性目标市场营销策略是指农产品企业在进行市场细分之后，不考虑各子市场的特性差异，而只注意各市场需求方面的特性，将所有子市场即农产品的总体市场作为一个大的目标市场，只生产一种产品，制定单一的市场营销组合，力求在一定程度上适应尽可能多的消费者需求。

无差异性目标市场营销策略的优点是成本的经济性。一方面，可以大批量地生产、储存、运输和销售，因而单位农产品的成本较低；另一方面，因为不用细分市场，经营方式简单，节约营销费用。其缺点是不考虑单个细分市场的需求差异性。随着消费者收入水平和消费水平的提高，消费者之间的需求差异性也随之扩大，无差异性市场策略难以适应这种形势。比如，原来人们对鸡蛋的需求也没有什么特别之处，但随着生活水平的提高，人们越来越重视营养，这对大批量的传统鸡场产出的鸡蛋提出了挑战。如果经营者仍然只考虑人们对鸡蛋的数量型需求，而不具体分析消费者群体对鸡蛋的色泽、口感、蛋白质含量等外观及营养品质等的需求差异，那么，大众化鸡蛋消费市场的竞争将十分激烈，会出现供过于求的市场态势。

2. 差异性目标市场营销策略

差异性目标市场营销策略是指企业针对不同细分市场上消费者对农产品的不同需求，生产不同的农产品，并采用不同的营销组合，以适应不同子市场的需求。这种策略适用于从事多种经营的大型农业企业，小型农业生产者、农户不宜使用这种策略。

差异性目标市场营销策略的优点是：第一，体现了以消费者为中心的经营思想，能满足不同消费者的需要，有利于扩大农产品销售额；第二，企业同时在几个细分市场上占优势，有利于提高企业声誉，树立良好的企业形象，增进消费者对企业和商品的信任感，从而有利于提高市场占有率。如乌骨鸡、七彩龟、黑小麦、黑玉米等农产品，因为其颜色特别，药用价值较高，不仅市场销路好，而且经济效益高。

差异性目标市场营销策略的缺点是：第一，企业资源分散于各细分市场，容易失去竞争优势；第二，商品生产成本和营销成本较高，因采取多种营销组合措施，促销费用较多。因此，要权衡一下究竟差异到什么程度最有利。为了解决这个矛盾，许多企业宁可只经营少数品种，而尽量使每个品种能适应更多消费者的需求。

3. 集中性目标市场营销策略

集中性目标市场营销策略（也称密集性市场营销策略）与前两种策略的不同之处，就是不把整个农产品市场作为自己的服务对象，而只是以一个或少数几个细分市场或一个细分市场中的一部分作为目标市场，集中企业营销力量，为该市场开发一种理想的农产品，实行专门化生产和销售。

采取这种目标市场策略的企业，追求的不是在较大市场上占有较少份额，而是在较小的市场上占有较大份额。企业面对若干细分市场并不希望尽量占有市场的大部分以至全部。明智的农业企业宁可集中全力争取一个或极少数几个细分市场，而不是将有限的人力、物力、财力分散用在广大的市场上。

采取这种策略的优点在于，营销对象集中，企业能充分发挥优势，深入了解市场需求变化，降低成本，提高赢利水平。例如，四川雅安市雨城区草坝镇的一家农户，在具体细分雅安市民对鸡的需求的基础上，避开了大众性消费群体，选择了特定性消费群体（追求营养品质型消费的群体）为目标市场，专门生产放养的、不喂饲料添加剂的土乌骨鸡，结果绿色无公害的乌骨鸡供不应求。但这种策略也有一定的风险，由于目标市场比较狭窄，一旦市场发生突然变化，比如价格猛涨或猛跌，消费者的兴趣转移，或出现强有力的竞争对手，企业可能会陷入困境。因此，企业选用这种策略时，要谨慎从事，留有回旋余地。

5.2.5 确定农产品目标市场策略时应考虑的因素

上述三种市场覆盖即目标营销策略各有利弊，各自适用于不同的情况，一般来说，在选择战略时，要考虑以下四方面的因素。

（1）企业的资源。大型或资源雄厚的企业，可实行无差异或差异营销；而资源有限、实力不强的企业，不能覆盖更多的市场，最好实行集中营销。

（2）产品的特征。一是产品本身差异性的大小，差异性很小的产品，可实行无差异营销；差异性大的产品则不宜采用；二是产品生命周期的阶段，新上市的产品，通常只介绍一种或少数几种款式，因为在此阶段重点是启发顾客的基本需要，所以最好实行无差异营销，或针对某一特定子市场实行集中营销；当产品达到成熟期时，则可改为采取差异营销战略，以维持或扩大销路。当产品进入衰退期时，采取集中性战略。

（3）市场的特点。要看市场是否"同质"。如果市场上所有顾客在同一时期偏好相同，购买的数量相同，并且对营销刺激的反应相同，则为"同质市场"，可实行无差异营销；反之，则应实行差异营销。在农产品市场，普通农产品相对过剩，而优质农产品、特色农产品和绿色农产品则需求旺盛，此时，企业实施差异性营销或集中策略将大有可为。

（4）竞争者的战略。一般来说，应该同竞争者的战略有所区别，反其道而行之。如果对手是强有力的竞争者，实行的是无差异营销，则本企业实行差异营销往往能取得好的效果；如果对手已经实行差异营销，本企业却仍实行无差异营销，势必失利。在此情况下，应考虑实行更深一层的差异营销或集中营销。

5.2.6　农产品目标市场选择的步骤

目标市场选择与营销由三个步骤组成：市场细分，目标市场确定，市场定位。

1. 市场细分

市场细分是企业根据市场需求的多样性和购买行为的差异性，把整体市场划分为若干个具有某种相似特征的顾客群，称之为细分市场或子市场，以便选择确定自己的目标市场。经过市场细分的子市场之间的消费者具有较为明显的差异性，而在同一子市场之内的消费者则有相对的类似性。因此，市场细分是一个同中求异、异中求同的过程。企业进行市场细分的目的就是为了实现目标市场营销，市场细分的结果为企业提供了发现理想市场的机会。企业在确定目标市场后，还需要制定一个切实可行的市场定位策略，这是企业占领市场、战胜竞争对手，取得立足点和进一步发展的重要环节。

2. 确定目标市场

确定目标市场是在市场细分的基础上，企业根据自身优势，从细分市场中选择一个或者若干个子市场作为自己的目标市场，并针对目标市场的特点展开营销活动，以期在满足顾客需求的同时，实现企业经营目标。

3. 市场定位

市场定位是企业从各个方面为产品创造特定的市场形象，使之相较于竞争对手的产品显示出不同的特色，以求在目标顾客心目中形成一种特殊的偏爱。

5.2.7 选择农产品目标市场必须走出"多数谬误"误区

1. 多数谬误的含义

选择目标市场的目的是为了使产品有销路。问题是并非有销路的市场都一定能成为企业理想的目标市场，如果出现多数谬误，农户就不可能实现预期的营销目标，还可能导致挫折和失败。多数谬误是指过多的农户都把同一个细分市场作为自己的目标市场，从而造成某一种产品的供给远远超过市场需求。在这种情况下，这些农户共同经营同一种产品，实际上就是共同争夺同一产品有限的消费群体，结果造成社会劳动和资源的浪费，也不能满足本来有条件满足的其他市场需求，大大提高了农户的机会成本，影响农户的经济效益，甚至造成农户的经营失败。在现实的经济生活中，多数谬误屡屡发生。

2. 多数谬误产生的原因分析

从农户市场营销实践来看，发生多数谬误通常有下述原因。

（1）农户均将市场容量最大、利润潜量最大的市场作为目标市场。许多农户只盯着市场的需求潜量和诱人的利润。认为只要市场有需求，重视产品质量，价格合理，加上推销工作，就一定能够扩大销售量，提高市场占有率，从而取得最大的利润。结果是竞争者太多，形成同步共振，造成损失。

（2）企业经营者在指导思想上急功近利，只考虑农户的目前利益，避难就易，而看不到长远利益，使经营陷入困境。这种情况往往是农户把最容易进入的市场作为目标市场。有些农户看到某些农产品畅销，而且投资小，见效快，市场容易进入，便产生了投资冲动。如果某农户因培育果树苗发了财，结果就户户育，村村育，乡乡育，最后只能是果树苗当柴烧。类似事例，不胜枚举，更为严重的是现在仍有许多农户还在重蹈覆辙。

（3）抵挡不住外围市场一时走俏的诱惑。市场细分、确定目标消费群，只能在自己的有效市场范围内，决不能放弃自己的优势，去追求所谓的"热"。俗话说："庄稼活，不用学，人家咋做咱咋做。"这是一种盲从思想，很多农民正是在这种习惯思维的引导下急功近利，盲目发展，看到别人赚了钱，也挤进同一条赚钱道，自觉不自觉地扩大同类农产品的种植面积，结果却赚不了钱。这样的多数谬误已屡见不鲜，农户深受其害。

（4）对已经确定的目标市场缺乏精细的了解。信息是宝贵资源，但也是共有资源。当你从传媒得知某地某货奇缺价高而进行生产时，你将和四面八方获知同一信息采取同一举措的众多农户在市场上发生碰撞，奇缺变为过剩，抢购的俏货转眼之间变成卖不出去的滞销货。

（5）对细分后的目标市场的变化没有足够的把握。市场细分的各项变量随着社会大环境的变化而不断变化，所以不能用固定不变的观念去看待变化的市场，而应以变制变，具体问题具体分析，及时调整自己的营销策略。

市场细分是一个复杂的问题，不是简单地种什么、养什么的问题，它还牵涉资金、市场、人才、技术等诸多因素。因此，进行市场细分必须对多种因素进行综合考虑、科学论证、统筹规划，有计划、有步骤地进行。客观地讲，在商品经济生产中，多数谬误是很难完全避免的，问题是尽可能把多数谬误控制在最小的范围之内，要把它造成的损失降低到最低限度。

任务3 农产品市场定位

5.3.1 认知农产品市场定位的概念

市场定位就是指企业为某一种产品在市场上树立一个明确的、区别于竞争者产品的、符合消费者需要的地位。

农产品市场定位是对农产品所施行的市场定位行为，指农产品生产经营者根据竞争者现有产品在市场上所处的位置，针对消费者对该产品某种特征或属性的重视程度，强有力地塑造本企业产品与众不同的鲜明的个性或形象，并把这种形象生动地传递给消费者，从而确定该产品在市场中的适当位置（见图5-7）。

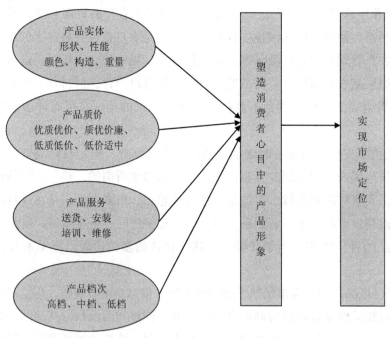

图5-7 市场定位

市场定位的"位"，是产品在消费者感觉中所处的地位，是一个抽象的心理位置的概念。市场上的商品越来越丰富，但与竞争者雷同、毫无个性的产品，很可能淹没在商品的海洋中，无法吸引消费者的注意。农产品的市场定位是农业经营者通过为自己的产品创造鲜明的特色和个性，从而在消费者心目中塑造出独特的形象和位置来实现的。这种特色和形象既可以通过产品实体方面体现出来，如品质、包装等，也可以从消费者心理方面反映出来，如安全、档次等，还可以从价格水平、品牌、质量、档次、技术先进性等方面表现出来。

农产品市场定位的实质是取得目标市场的竞争优势，确定企业及其产品在消费者心目中的适当位置并留下值得购买的印象，以便吸引更多的消费者。因此，市场定位是企业市场营销体系中的重要组成部分，对于提升企业市场形象，提高农产品市场竞争力具有重要意义。

5.3.2 农产品市场定位的方法

1. 根据农产品质量和价格定位

产品的质量和价格本身就是一种定位，一般来说，在消费者看来，较高的价格意味着较高的产品质量。农产品价格普遍偏低，对优质农产品实行高价，使其与普通农产品区别开来，满足消费者对优质农产品的需求，从而达到定位的目的。

2. 根据农产品的用途定位

同一农产品可能有多种用途，如有的农产品既可以供消费者直接食用，又可用于食品加工，那么就可以分别对它们进行不同的定位。此外，当发现一种农产品有新的用途时，也可运用这种定位方法。

3. 根据农产品的特性定位

农产品的特性包括其种源、生产技术、生产过程和产地等，这些特征都可以作为农产品定位的因素。如"绿色农产品""无公害蔬菜"等等都是根据农产品的特性进行定位的。尤其当农产品这种特性是竞争者无法提供时，这种定位更有效。

4. 根据消费者的习惯定位

这是按照农产品消费者对产品的习惯看法确定产品的形象，进行目标市场定位。

5.3.3 农产品市场定位的依据

农产品市场定位的依据，见表5-4。

表5-4 农产品市场定位的依据

定位依据	实例
特色定位	农家饭店定位于"无公害"食材
功效定位	海飞丝洗发水定位于"去屑"的功效
质量定位	瑞士手表
利益定位	盆景蔬菜
消费者定位	太太口服液
竞争定位	海尔"服务到永远"
价格定位	山寨手机

5.3.4 农产品市场定位的步骤

农产品市场定位的实质是农产品企业取得在目标市场上竞争优势的过程。因此，市场定位的过程包括三个步骤，即明确自身潜在的竞争优势，选择相对的竞争优势，显示独特的竞争优势。农产品市场定位的步骤如图5-8所示。

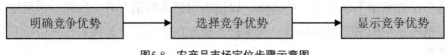

图5-8 农产品市场定位步骤示意图

1. 明确企业潜在的竞争优势

营销人员通过营销调研，了解目标消费者对于农产品的需要及其欲望的满足程度，了解竞争对手的产品定位情况及其产品的优势和劣势，分析目标消费者对于本企业的期望，得出相应研究结果，从中把握和明确本企业的潜在竞争优势。可以通过表5-2所列的各个方面来明确自己的潜在优势。

2. 选择企业的相对竞争优势

从经营管理、技术开发、采购供应、营销能力、资本财务、产品属性等方面与竞争对手进行比较，准确地评价本企业的实力，找出优于对手的相对竞争优势。

3. 显示独特的竞争优势

农产品企业通过一系列的营销工作，尤其是宣传促销活动，把其独特的竞争优势准确地传递给潜在消费者，并在消费者心目中形成独特的企业及产品形象。为此，企业首先应使目标顾客了解、认同、喜欢和偏爱本企业的市场定位；其次，要通过一切努力稳定和强化目标顾客的态度，以巩固市场定位；最后，还应密切关注目标消费者对市场定位理解的偏差，及时矫正与市场定位不一致的形象。

5.3.5 农产品市场定位的策略

农产品市场定位的策略是指农产品企业根据目标市场的情况，结合自己的条件确定竞争原则。通常可分为以下三种。

1. "针锋相对式"策略

这种定位策略是把产品定在与竞争者相似的位置上，与竞争者争夺同一细分市场。例如，有的农产品企业在市场上看别人经营什么，自己也选择经营什么。采用这种定位策略要求经营者具备资源、产品成本、质量等方面的优势，否则，在竞争中会处于劣势，甚至失败。

2. "填空补缺式"策略

这种定位策略不是去模仿别人的经营方向，而是寻找新的、尚未被别人占领，但又为消费者所重视的经营项目，以填补市场空白的策略。例如有的农产品企业发现在肉鸡销售中大企业占有优势，自己就选择经营饲养"农家鸡""柴鸡""土鸡""虫草鸡"等，并采取活鸡现场屠宰销售的方式，填补大企业不能经营的市场"空白"。

3. "另辟蹊径式"策略

当农产品经营者意识到自己无力与同行业有实力的竞争者抗衡时,可根据自己的条件选择相对优势来竞争。例如,有的生产经营蔬菜的农户既缺乏进入超级市场的批量和资金,又缺乏运输能力,就利用区域集市,或者与企事业伙食单位联系,甚至走街串巷,避开大市场的竞争,将蔬菜销售给不能经常到市场购买的消费者。

当然,农产品生产经营者的市场定位并不是一劳永逸的,而是随着目标市场竞争者状况和企业内部条件变化而变化的。当经营者自身和市场情况发生变化时,都需要对目标市场定位的方向进行调整,使市场定位策略符合发挥自身优势的原则,从而取得良好的营销利润。

 实用链接

农产品市场定位的误区:

定位过低:使消费者没有感到有什么特别的地方。

定位过高:使消费者认为是价格极高的东西,不是自己消费得起的。

定位混乱:使消费者印象模糊。

定位怀疑:使消费者在价格、功能、质量上产生不信任的感觉。

 项目案例分析

江小白为什么这么成功?——产品定位

江小白,是重庆江小白酒业有限公司旗下江记酒庄酿造生产的一种自然发酵并蒸馏的高粱酒品牌。江小白致力于传统重庆高粱酒的老味新生,以"我是江小白,生活很简单"为品牌理念,坚守"简单包装、精制佳酿"的反奢侈主义产品理念,坚持"简单纯粹,特立独行"的品牌精神,以持续打造"我是江小白"品牌IP与用户进行互动沟通,持续推动中国传统美酒佳酿品牌的时尚化和市场国际化。

饮酒对中国人来说是数千年来传承下来的习惯,现如今,一些大型白酒企业着重于以白酒的历史文化作为诉求点,以高端、大气、显赫、尊贵为重点,从近年市场反应来看,老一辈消费群体更加偏爱于传统白酒。

现在的年轻一代消费群体对传统白酒并不是特别喜爱,他们想要的是简单的生活、快乐的工作,越来越多的年轻人偏离传统白酒。这群年轻人的特点是青春时尚、充满活力、另类个性、微博达人、追求简单轻松的生活态度等。江小白在竞争日趋激烈的市场中,发现了行业中年轻人这一空白市场区域,选择了一个白酒行业相对来说较少有人关注的80后、90后年轻一代群体,而这类人恰恰是市场的主流力量，未来各个行业的发展都要靠他们来支撑。

江小白的产品定位为80后、90后一代的都市白领、青年群体，这是一个非常清晰的产品定位。在白酒市场大牌们都标榜高端、传统、陈年老酿之际，江小白很巧妙地定位在青年一代。80后、90后一代是在互联网大潮中成长的一代人，这一代人中以屌丝、文艺青年自居。那么江小白就成功地塑造了江小白这么一个有梦想的屌丝，并以文艺青年自居的年轻人形象，瞬间拉近了与年轻人的距离，同时带着自嘲的语录式广告在年轻人中产生了极大的共鸣，比如："吃着火锅唱着歌，喝着小白划着拳，我是文艺小青年""1瓶绿票票=2瓶江小白，方便兄弟伙亲切交谈""有时候，我们说错话，我们做错事，是因为受了江小白的诱惑"。

江小白是为年轻人量身定做的一款酒，成功实现了白酒与年轻消费者真正的"亲密接触"，让在他们亲身接触中爱上这个新崛起的品牌。根据年轻人追求时尚与个性的消费思想，江小白进行了创新性的尝试，改变了传统白酒过于死板的特点，引发了白酒市场上时尚与传统的碰撞。江小白代表着青春而简单的个性，这正符合现在年轻人的生活形态。

在互联网大潮中成长的客户群里也决定了江小白宣传推广就必须走网络社交推广这条路，通过各种创意活动迅速地打开了年轻人的市场。

辩证性思考

分析江小白成功的原因有哪些？

（资料来源：https://www.wenjiwu.com/doc/hyeuni.html）

项目检测

营销知识目标检测

1. 农产品市场细分的概念。
2. 农产品市场细分的依据有哪些？
3. 农产品目标市场的概念。
4. 农产品目标市场营销策略有哪些？
5. 农产品市场定位的概念。
6. 农产品市场定位的策略有哪些？

营销能力目标检测

检测项目：选择一家农产品生产企业，对该企业进行市场细分、目标市场选择和市场定位分析。

检测目的：通过检测，进一步认知、掌握农产品市场细分、目标市场选择和市场定位的方法，能够进行农产品市场细分、目标市场选择和市场定位。

检测要求：由班级学习委员组织全员分团队对农产品企业目标市场选择进行分析、讨论、交流，教师进行评价。

第2模块

做农产品生意——满足农产品消费需求

项目6 农产品产品策略

项目目标

营销知识目标

理解农产品整体概念的含义、层次；理解农产品品牌的含义、农产品品牌的作用和农产品品牌策略；理解农产品包装的作用；掌握农产品产品开发策略、农产品品牌命名策略和农产品包装的策略和原则。

营销能力目标

能够运用农产品产品开发策略、农产品品牌策略和农产品包装策略，进行农产品产品策略分析。

项目导入案例

时尚品牌让农产品卖出时代特色

对于打造时尚农产品，高邮王鲜记水产农场的负责人王俊深有感触。王俊请来设计团队，围绕基地的各种农产品设计富有创意而又适度的品牌和包装设计，提升农产品档次，提高其市场竞争力。比如，高邮湖边的咸鱼，看上去都是很大的一条，虽味道鲜美，但吃起来麻烦。把它改成小包装，还取了一个吉利的名字'喜昂头'，配上红色礼盒，一下子成为畅销产品，一年卖出去几百万元。

如何打造时尚农产品呢？王俊认为：

（1）不要自己干。农产品企业采用服务外包的形式，聘请专业包装设计公司为产品披上"靓衣"。专业的人干专业的事情。

（2）深挖产品特色。设计必须要从产品出发，包括市场定位、用户定位，再确定结合什么样的时尚元素。

辩证性思考：谈谈你对农产品实施品牌战略的看法。

（资料来源：http://www.sohu/a/2322604）

任务1 农产品产品策略

任何需要的满足必须依靠适当的产品来获得。消费者购买农产品,一是要其具有实体性,二是要其具有效用性,三是要其具有延伸性,这就是产品的整体性。

6.1.1 认知农产品整体概念

农产品整体概念是指用于满足人们某种欲望和需求的与农产品有关的生产、加工、运输、销售实物、服务、场所、组织、思想等一切有用物。人们通常理解的产品是指具有某种特定物质形状和用途的产品,是看得见、摸得着的,这是一种狭义的看法。在现代市场营销学中,农产品的概念既包括有形的物质产品,即产品实体及其品质、特色、式样、品牌和包装等,也包括无形服务等非物质利益,即可以给买主带来附加利益的心理满足感和信任感的服务、保证、形象和声誉等。

农产品整体概念包括以下三个层次。如图6-1所示。

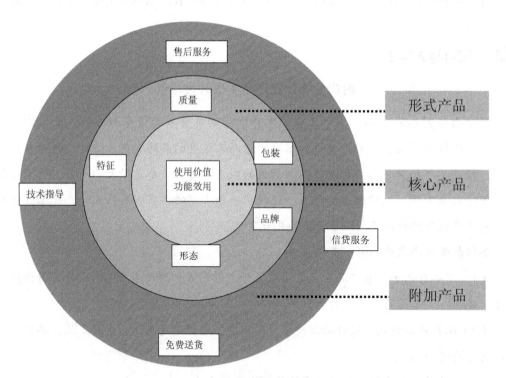

图6-1 农产品整体概念图

1. 农产品的核心产品

农产品的核心产品也称"实质产品",是一个抽象的概念,是指消费者购买某种农产品时所追求的效用,是消费者真正的购买目的所在。如消费者购买鸡蛋,是为了从鸡蛋中获得蛋白质;购买蔬菜、水果是为了获取维生素等。消费者购买的是农产品的营养而不是农产品本身。营销人员的根本任务是向消费者介绍农产品的实际效用。经营者在开发产品、宣传产品时应明确地确定产品能提供的利益，产品才具有吸引力。

2. 农产品的形式产品

农产品的形式产品也叫"有形产品"，是指核心产品借以实现的形式，是能被消费者各感官感知的部分，即向市场提供的农产品实体外观。对于农产品而言，消费者可凭视觉感知，有形产品由此得名。它由五个标志组成，即农产品的质量、特征、形态、品牌和包装。由于产品的基本效用必须通过特定形式才能实现，经营者要在着眼于满足消费者需求的基础上，还应努力寻求更加完善的外在形式以满足消费者的需要。如五彩辣椒、樱桃番茄，这些农产品在外观、形状等方面进行创新，打破了人们对传统农产品的认识，深受消费者欢迎，尽管价格高但销售却很好。

3. 农产品的附加产品

农产品的附加产品也称"延伸产品"，是指消费者在取得农产品或使用农产品过程中所能获得的形式产品以外的利益，它包括提供农产品的信贷、免费送货、保证售后服务、农产品知识介绍、种子栽培技术指导等，如农民购买大型农资设备可以申请贷款。美国学者西奥多·莱维特指出："新的竞争不是发生在各个公司的工厂生产什么产品，而是发生在其产品能提供何种附加利益，如包装、服务、广告、消费者咨询、融资、送货、仓储及具有其他价值的形式。"

农产品整体概念以消费者基本利益为核心，指导整个市场营销管理活动，是农产品生产经营企业贯彻市场营销观念的基础。这一概念的内涵和外延都是以消费者需求为标准的，由消费者的需求来决定。首先，消费者购买农产品追求的核心利益是能够买到营养价值高、口感味道好、卫生安全性强以及无污染的优质绿色产品。其次，农产品的质量、特性、包装、品牌等形式特征也是农产品能否畅销的重要因素。最后，良好的服务是整体产品中日益重要的一部分。

6.1.2 农产品开发策略

1. 高品质化策略

随着人们生活水平的不断提高，对品质的要求也越来越高，优质优价正成为新的消费动向。要实现农业高效，必须实现农产品优质，实行"优质优价"高产高效策略。把引进，选育和推广优质农产品作为抢占市场的一项重要的产品市场营销策略。淘汰劣质品种和落后生产技术，打一个质量翻身打仗，以质取胜，以优发财。

2. 低成本化策略

价格是市场竞争的法宝，同品质的农产品价格低的，竞争力就强。生产成本是价格的基础，只有降低成本，才能使价格竞争的策略得以实施。要增强市场竞争力，必须实行低成本低价格策略。领先新技术、新品种、新工艺、新机械，减少生产费用投入，提高产出率。要实行农产品的规模化，集约化经营，努力降低单位产品的生产成本，以低成本支持低价格，求得经济效益。

3. 大市场化策略

农产品销售要立足本地，关注身边市场，着眼国内外大市场，寻求销售空间，开辟空白市场，抢占大额市场。开拓农产品市场，要树立大市场观念，实行产品市场营销策略，定准自己产品销售地域，按照销售地的消费习性，生产适销对路的产品。

4. 多品种化策略

农产品消费需求的多样化决定了生产品种的多样化，一个产品不仅要有多种品质，而且要有多种规格。引进、开发和推广一批名、特、优、新、稀品种，以新品种，引导新需求，开拓新市场。要根据市场需求和客户要求，生产适销对路。各种规格的产品，如螃蟹要生产大规格的蟹，西瓜要生产小个子的瓜。要实行"多品种、多规格、小批量、大规模"策略，满足多层次的消费需求，开发全方位的市场，化解市场风险，提高综合效益。

5. 反季节化策略

因农产品生产的季节性与市场需求的均衡性的矛盾带来的季节差价，蕴藏着巨大的商机。要开发和利用好这一商机，关键是要实行"反季节供给高差价赚取"策略。实行反季节供给，主要有三条途径：

◇ 一是实行设施化种养，使产品提前上市。

◇ 二是通过储藏保鲜，延长农产品销售期，变生产旺季销售为生产淡季销售或消费旺季销售。

◇ 三是开发适应不同季节生产的品种，实行多品种错季生产上市。实施产品市场营销策略，要在分析预测市场预期价格的基础上，搞好投入与产出效益分析，争取好的收益。

6. 嫩乳化策略

人们的消费习惯正在悄悄变化，粮食当蔬菜吃，玉米要吃青玉米，黄豆要吃青毛豆，蚕豆要吃青蚕豆，猪要吃乳猪，鸡要吃仔鸡，市场出现崇尚嫩鲜食品的新潮。农产品产销应适应这一变化趋向，这方面发展潜力很大。

7. 土特化策略

改革开放以来，各地从国外引进不少农业新品种，其产量高，但与国内的土特产品相比，品质、口味较差，一些洋品种已不能适应市场追求优质化的需求，大掉身价。人们的消费需求从盲目崇洋转向崇尚自然野味，热衷土特产品，蔬菜要吃野菜，市场要求搞好地方传统土特产品的开发，发展品质优良。风味独特的土特产品，发展野生动物。野生蔬菜，以特优质产品抢占市场，开拓市场，不断适应变化着的市场需求。

8. 加工化策略

发展农产品加工，既是满足产品市场营销的需要，也是提高农产品附加值的需要，也是提高农产品附加值的需要，发展以食品工业为主的农产品加工是世界农业发展的新方向、新潮流。世界发达国家农产品的加工品占其生产总量的90%，加工后增值2~3倍；

我国加工品只占其总量的25%，增值25%，增值比30%；可见我国农产品加工潜力巨大。

9. 标准化策略

我国农产品在国内外市场上面临着国外农产品的强大竞争，为了提高竞争力，必须加快建立农业标准化体系，实行农产品的标准化生产经营。制定完善一批农产品产前，产中，产后的标准，形成农产品的标准化体系，以标准化的农产品争创名牌，抢占市场。

10. 品牌化策略

一是要提高质量，提升农产品的品位，以质创牌；

二是要搞好包装，美化农产品的外表，以面树牌；

三是开展农产品的商标注册，叫响品牌名牌，以名创牌；

四是加大宣传，树立公众形象，以势创牌，以名牌产品开拓市场。

任务2　农产品品牌策略

6.2.1　认知农产品品牌的概念与作用

1. 认知农产品品牌的概念

品牌是用以识别某个销售者或某群销售者的产品或服务，并使之与竞争对手的产品或服务区别开来的商业名称及其标志，通常由文字、标记、符号、图案和设计等要素或这些要素的组合构成。如图6-2所示。农产品品牌就是指用于区别不同农产品的商标等要素的组合，如"伊利""蒙牛"等。相对于工业产品而言，农产品生产受自然环境因素的影响较大，具有季节性、地域性、周期性、质量不稳定等特征，因此给农产品品牌建设带来一定的困难。

图6-2　农产品品牌

品牌是一个集合概念，一般包含品牌名称、品牌标志和商标等。

（1）品牌名称是指品牌中可用语言表达，可以读出声的部分，也称"品名"，如金龙鱼、完达山、铁观音等。

（2）品牌标志也称"品标"，是指品牌中可以被识别、易于记忆，但却不能用语言表达的特定的视觉标志，包括专门设计的符号、图案、色彩等。

（3）商标是一个专门的法律术语，品牌或品牌的一部分在政府有关部门依法注册后，称为商标。国际上对商标权的认定，有两个并行的原则，即"注册在先"和"使用在先"，注册在先是指品牌或商标的专用权归属于依法首先申请注册并获准的企业，在这种商标权认定原则下，某一品牌不管谁先使用，法律只保护依法首先申请注册该品牌的企业。中国，日本、法国，德国等国的商标权的认定就采用注册在先的原则。使用在先是指品牌或商标的专用权归属于该品牌的首先使用者。美国、加拿大、英国和澳大利亚等国采用使用在先的原则对商标专用权进行认定。凡不拥有商标使用权，而是假冒、仿冒或者恶意抢注他人商标等行为，均构成侵权。

2. 认知农产品品牌的作用

（1）便于消费者识别商品的出处。在市场上，特别是在城市的超级市场中有众多的同类农产品，这些农产品又是由不同的生产者生产的，消费者在购买农产品的时候，往往是依据不同的品牌加以区别的。随着农业科学技术的飞速发展，不同农产品的品质差异相去甚远。这些差异是消费者无法用肉眼识别的、消费者也不可能在购买之前都亲口尝一尝。所以，消费者就需要有容易识别的标志，这一标志只能是品牌。

（2）便于宣传推广农产品。商品进入市场有赖于各种媒体进行宣传推广，依赖于商品实体的品牌是其中一种宣传推广的重要媒体，而且它是不用花钱的广告媒体。商品流通到哪里，品牌就在哪里发挥宣传作用。品牌是生产者形象与信誉的表现形式，人们一见到某种商品的商标，就会迅速联想到商品的生产者、质量与特色，从而刺激消费者产生购买欲望。因此，独特的品牌和商标很自然地成为一种有效的广告宣传手段。

（3）便于建立稳定的消费群。开展品牌经营生产要承诺产品质量，这有利于建立稳定的消费群。品牌标记送交管理机构注册成为商标，需要呈报产品质量说明，作为监督执法的依据。这样，品牌也就成了产品质量的象征，可以促使生产者坚持按标准生产产品，保证产品质量的稳定，兑现注册商标时的承话。如生产者降低产品质量，管理机关便可加监督和制止，维护消费者的利益。一个成功的品牌实际上代表了一组忠诚的消费群，这批消费群会不断地购买该企业的产品，形成企业稳定的消费群，从而确保企业销售额的稳定。

（4）便于维护专用权利。品牌标记经过注册成为商标后，生产者既有上述保证产品质量的义务，也有得到法律保护的权利。商品注册人对其品牌、商标有独占的权利，对擅自制造、使用、销售本企业商标以及在同类、类似商品中模仿本企业注册商标等侵权行为可依法提起诉讼，通过保护商标的专用权，来维护企业的利益。

（5）便于充当竞争工具。在市场竞争中，名牌产品借助于名牌优势，或以较高的价格获取超额利润，或以相同价格压倒普通品牌的产品，扩大市场占有率。在商品进入目标市场之前，先行宣传品牌和注册商标既可以防止"抢注"，又可以攻为守、先声夺人，为商品即将进入目标市场奠定基础。

6.2.2 农产品品牌策略决策

1. 农产品品牌基本策略

（1）品牌有无策略决策。农产品营销者首先要确定生产经营的产品是否应该有品牌。尽管品牌能够给品牌所有者、品牌使用者带来很多好处，但并不是所有的产品都必须一定有品牌。现在仍旧有许多商品不使用品牌，如大多数未经加工的初级原料，像棉花、大豆等；一些消费者习惯不用品牌的商品，如生肉、蔬菜等；临时性或一次性生产的商品等。在实践中，有的营销者为了节约包装、广告等费用，降低产品价格，吸引低收入购买力，提高市场竞争力，也常采用无品牌策略。如超市里就有无品牌产品，它们多是包装简易且价格便宜的产品。

必须说明的是，农产品无品牌也有对品牌认识不足、缺乏品牌意识等原因。当然，农产品有无品牌不是一成不变的。随着品牌意识的增强，原来未使用品牌的农产品也开始使用品牌，如泰国香米，新奇士橙子，红富士苹果等，品牌的使用也大大提高了企业的利润率。

（2）品牌归属策略决策。确定在产品上使用品牌的营销者，还面临如何抉择品牌归属的问题。一般有三种可供选择的策略：一是企业使用属于自己的品牌，这种品牌叫做企业品牌或生产者品牌；二是企业将其产品销售给中间商，由中间商使用自己的品牌将产品转卖出去，这种品牌叫做中间商品牌；三是企业对部分产品使用自己的品牌，而对另一部分产品使用中间商品牌。

一般来讲，在生产者或制造商的市场信誉良好，企业实力较强、产品市场占有率较高的情况下，宜采用生产者品牌；相反，在生产者或制造商资金拮据、市场营销薄弱的情况下，不宜选用生产者品牌，而应以中间商品牌为主，或全部采用中间商品牌。必须指出，若中间商在某目标市场拥有较好的品牌忠诚度及庞大而完善的销售网络，即使生产者或制造商有自营品牌的能力，也应考虑采用中间商品牌，这是在进入海外市场的实践中常用的品牌策略。

（3）品牌统分策略决策。营销者必须决定企业不同种类的产品是使用一个品牌，还是各种产品分别使用不同的品牌。决策此问题，通常有以下四种可供选择的策略。

1) 统一品牌策略。统一品牌是指厂商将自己所生产的全部产品都使用一个统一的品牌名称，也称家庭品牌。如江西的三百山脐橙、三百山食用菌、三百山灵芝等。企业采用统一品牌策略，能够显示企业实力，在消费者心目中塑造企业形象；集中广告费用，降低新产品宣传费用；企业可凭借其品牌已赢得的良好市场信誉，使新产品顺利进入目标市场。然而，不可忽视的是，若某一种产品因某种原因（如质量）出现问题，就可能牵连其他种类产品，从而影响整个企业的信誉。另外，统一品牌策略也存在着易相互混淆、难以区分产品质量档次等令消费者感到不便的问题。

2）个别品牌策略。个别品牌是指企业对各种不同的产品分别使用不同的品牌。这种品牌策略可以保证企业的整体信誉不会因某一品牌声誉下降而承担较大的风险；便于消费者识别不同质量，档次的商品；有利于企业的新产品向多个目标市场渗透。显然，个别品牌策略的显著缺点是大大增加了营销费用。

3）分类品牌策略。分类品牌是指企业对所有产品在分类的基础上各类产品使用不同的品牌。例如，企业可以将自己生产经营的产品分为蔬菜类产品、果品类产品等，并分别赋予其不同的品牌名称及品牌标志。分类品牌可把需求差异显著和产品类别区分开，但当公司要发展一项原来没有的全新的产品线时，现有品牌可能就不适用了，应当发展新品牌。

4）复合品牌策略。复合品牌是企业对其各种不同的产品分别使用不同的品牌，但需在各种产品的品牌前面冠以企业名称，例如，可口可乐推出的"雪碧茶"等。复合品牌的好处在于，可以使新产品与老产品统一化，进而享受企业的整体信誉，节省促销费用。与此同时，各种不同的新产品分别使用不同的品牌名称，又可以使不同的新产品彰显各自的特点和相对的独立性。

（4）品牌重新定位策略决策。品牌重新定位策略也称再定位策略，是指全部或部分调整或改变品牌原有市场定位的做法。虽然品牌没有市场生命周期，但这绝不意味着品牌设计出来就一定能使品牌持续到永远。为使品牌能持续到永远，在品牌运营实践中还必须适时、适势地做好品牌重新定位工作。例如，浙江金华市佳乐乳业有限公司的"初道""乐溶""蓝钙""熊猫滚滚""维卡""皇品"都是"佳乐"牛奶最新推出的高端乳品，对佳乐品牌进行了重新定位。

企业在进行品牌重新定位时，要综合考虑两方面影响因素：一方面，要考虑再定位成本，包括改变产品品质费用、包装费用和广告费用等。一般认为，产品定位或品牌定位改变越大，所需的成本就越高。另一方面，要考虑品牌重新定位后影响收入的因素，如该目标市场上有多少顾客、平均购买率、竞争者数量、潜在进入者数量、竞争能力如何以及顾客愿意接受的价格水平等。

（5）多品牌策略决策。多品牌策略是指企业同时为一种产品设计两种或两种以上互相竞争的品牌的做法。在中国市场上，可口可乐公司为自己生产的饮料设计了多个品牌，如可口可乐、雪碧、芬达等，如图6-3所示。其多品牌策略在中国市场上获得了令人瞩目的市场业绩。虽然多个品牌会影响原有单一品牌的销量，但多个品牌的销量之和又会超过单一品牌的市场销量,增强企业在这一市场领域的竞争力。

图6-3　多品牌策略

采用多品牌策略有以下优点:

◇ 多种不同的品牌可以在零售商的货架上占用更大的陈列面积,既吸引消费者更多的注意,同时也增加了零售商对生产企业产品的依赖性。

◇ 提供几种品牌不同的同类产品,可以吸引那些求新好奇的品牌转换者。

◇ 多种品牌可使产品深入多个不同的细分市场,占领更广大的市场。

◇ 有助于企业内部多个产品部门之间的竞争,提高效率,增强总销售额。

采用多品牌策略的主要风险就是使用的品牌数量过多,以致每种品牌产品只有一个较小的市场份额,而且没有一个品牌特别有利可图,这使企业资源分散消耗于众多的品牌,而不能集中到少数几个获利水平较高的品牌上,这是得不偿失的。解决的办法就是对品牌进行筛选,剔除那些比较疲软的品牌。因此,企业如果采用多品牌策略,则在每推出一个新品牌之前应该考虑:该品牌是否具有新的构想;这种新的构想是否具有说服力;该品牌的出现可能夺走的本企业其他品牌及竞争对手品牌的销售量各有多少;新品牌的销售额能否补偿产品开发和产品促销的费用,等等。如果这几方面的估测的结果是得不偿失,则不宜增加这种新品牌。

2. 农产品品牌延伸策略

品牌延伸是指企业采用现有成功的品牌,将它应用到新产品经营的全过程。农产品企业实施品牌延伸策略有利于新产品快速地进入市场。利用"搭乘品牌列车""借船出海",使该产品快速得到消费者的认同、接受并产生品牌联想,促进新产品快速进入市场。给现有的品牌带来新鲜感和活力,拓展了经营领域,满足消费者的不同需求,形成优势互补,给消费者提供更多的选择。有利于品牌价值最大化。有利于企业开展多元化业务,分散经营风险。

(1)向上延伸策略。这种策略是指企业以低档或中档产品进入市场,之后渐次增加中档或高档产品。这种策略有利于产品以较低的价格进入市场,市场阻碍相对较小,对竞争者的打击也较大。一旦占领部分市场,向中、高档产品延伸,就可获得较高的销售增长率和边际贡献率，并逐渐提升企业产品的高档次形象。例如，"好想你"枣片在原来普通包装的基础上推出礼品装（精装或者豪华包装等）。

（2）向下延伸策略。这种策略与向上延伸策略正好相反，是指企业以高档产品进入市场后逐渐增加一些较低档的产品。此策略有利于公司或产品树立高档次的品牌形象，而适时发展中、低档产品，又可以躲避高档产品市场的竞争威胁，填补自身中、低档产品的空缺，为新竞争者的涉足设置障碍，并以低档、低价吸引更多的消费者，提高市场占有率。例如，"好想你"枣片在原来礼品包装的基础上推出普通包装或者更为简单的包装商品等，这种策略的优点是有利于占领低端市场，扩大市场占有率；缺点是容易损害核心品牌形象，分散核心品牌的销售量，甚至在核心品牌的消费族群中留下负面印象。

（3）双向延伸策略。这种策略是指生产中档产品的企业，向高档和低档两个方向强延伸。这种策略有利于形成企业的市场领导者地位，而且由中档市场切入，为品牌的未来发展提供了双向的选择余地。例如，"好想你"枣片在原来普通包装的基础上推出礼品装（精装或者豪华包装等）的同时也推出更为简单包装的枣片。这种策略的优点是有助于更大限度地满足不同层次消费者的需求，扩大市场份额；缺点是容易受到来自高低两端的竞争者的夹击，或者造成企业品牌定位的模糊。

（4）主副品牌策略。这种策略是以一个主品牌涵盖企业的系列产品，同时给各产品打一个副品牌，以副品牌来突出不同产品的个性形象，如"康师傅——老火靓汤""乐百氏——健康快车"等。主副品牌策略利用"成名品牌＋专用副品牌"的品牌延伸策略，借助顾客对主品牌的好感、偏好，通过情感迁移，使消费者快速认可和喜欢新产品，达到"一石二鸟"的效。如此，达到了"既借原品牌之势，又避免连累原品牌"的效果，可左右逢源，但需注意的是，副品牌只是主品牌的有效补充，副品牌仅仅处于从属地位，副品牌的宣传必须要依于主品牌，而不能超越主品牌。

（5）亲族品牌延伸。亲族品牌延伸是指企业经营的各项产品市场占有率虽然相对较稳定，但是产品品类差别较大或是跨行业，原有品牌定位及属性不宜做延伸时，企业往往把经营的产品按类别、属性分为几个大的类别，然后冠之以几个统一的品牌。例如，中国粮油食品进出口总公司在罐头类产品上使用"梅林"商标，在调味品上使用"红梅"商标，在酒类商品上则使用"长城"商标。

3. 农产品品牌命名策略

（1）根据产地来命名。一方水土养一方人。许多农产品受水土的影响，其质量、味道、口感差别较大，因而农产品流行的地域性比较强。用产地来命名，有助于了解这些地方的人对产品产生亲近感和信任感。如阳澄湖大闸蟹、原阳大米、山西老陈醋、莱阳梨、王屋山猕猴桃、台州的上盘西兰花、三门青蟹、福建龙井、信阳毛尖、安徽的黄山毛峰、太平猴魁、六安瓜片、祁门红茶、明光绿豆、夹沟香稻、沭河牌蔬菜、顺科牌鸡蛋、马家沟牌芹菜等。如图6-4所示。

图6-4　以产地命名的农产品品牌

（2）以动物、花卉名称命名。用形象美好的动物、花卉名称命名，可以引起人们对商品的注意与好感，并追求某种象征意义，如台州的"玉麟西瓜、仙梅杨梅""千叶春"大米、焦作的"铁棍山药"等。如图6-5所示。

图6-5　以动物、花卉名称命名的农产品品牌

（3）根据人名命名。这种名称或以人的信誉吸引消费者，或以历史、传说人物形象引起人们对商品的想象，如"詹氏蜜蜂园"蜂产品、永福杜鹃花、"禹王"牌农机产品，台州的"玉环文旦"等。如图6-6所示。

图6-6　以人名命名的农产品品牌

（4）以企业名称命名。这种以企业名称命名的品牌，突出了商品生产者的字号和信誉，能加深消费者对企业的认识，有助于突出品牌形象，以最少的广告投入获得最佳的传播效果。如双汇集团的"双汇"火腿肠、方欣米业的"方欣"牌大米、三真米业的"三真"富晒米、驻马店"1+1"面业的"1+1"面粉等都是以企业名称作为品牌名称的典范。如图6-7所示。

图6-7　以企业名称命名的农产品品牌

（5）根据商品制作工艺和商品主要成分命名。它能以引起消费者对其质量产生信赖感。如"山贝"山货特产食品、"其鹏"有机茶、"长园"野生茶油等。如图6-8所示。

图6-8　以商品制作工艺和主要成分命名的农产品品牌

（6）以具有感情色彩的吉祥词或褒义词命名。它能以引起人们对商品的好感，如"好想你"枣片、"方欣"大米、"金玉"牌滁菊等。如图6-9所示。

图6-9　以吉祥词或褒义词命名的农产品品牌

相关链接

亲和力极浓的"方欣"大米。河南方欣米业有限公司是河南金鼎粮食集团所属的集大米加工、科研、稻种培育、技术开发、营销为一体的专业化公司。公司以打造知名大米品牌为己任,取放心之谐音"方欣"为商标,既表达了公司向广大消费者提供营养、卫生、安全、放心的大米食品的心愿,也寓意着公司事业方兴未艾、欣欣向荣。公司与国内知名院校的水稻、食品专家合作,创建了稻米食品技术研究中心,在河南原阳、中牟、濮阳等沿黄稻谷产区建立了优质无公害粳稻种植基地,被河南省政府列为农业产业化重点龙头企业。公司拥有引进于日本佐竹公司的现代化大米生产线和现代化的仓储设施。公司建立了以省会郑州为中心的省内市场销售网路体系,"方欣"大米通过全省18个地市的分销商和各大超市、专卖场、粮油店等进入千家万户,郑州市区的市场覆盖率达90%以上,并在全国部分大中城市建立了营销网络。

（7）以现代科技为由头来命名。用这种方法命名具有时代感,使人有现代、时髦等感受,如灵宝的"SOD"蜜苹果、"三真"富晒米等。

相关链接

新颖、可信度极高的"SOD蜜"苹果。在农产品里面,SOD蜜苹果就是一个新颖别致、不落俗套而且可信度非常强的品牌名称。SOD即超氧化物歧化酶（Super Oxide Dismutase）,是人体中不可缺少的具有特殊生物活性的酶,它能将自由基变成对人体无害的水分子和氧分子,进而提高人体的免疫力,延缓衰老、抵抗疾病激发青春活力。SOD苹果所含SOD酶存活时间长,在一年左右。长年食用可起到"抗衰老、养颜美容、延年益寿"的功效。有了科技含量极高的品牌名的广泛传播,有了SOD这个"天大"的卖点,拥有"高贵身段"的"SOD苹果"畅销国内外便是必然的了。

任务3 农产品包装策略

6.3.1 认知农产品包装的概念

农产品包装是对即将进入或已经进入流通领域的农产品或农产品加工品采用一定的容器或材料加以保护和装饰。农产品包装包括商标或品牌、形状、颜色、图案和材料、标签等要素。农产品包装主要包括两个层次。

1. 运输包装

运输包装又称大包装、外包装。它是将货物装入特定容器，或以特定方式成件或成箱的包装。其作用一是保护货物在长时间和远距离的运输过程中不被损坏和散失；二是方便货物搬运、贮存和运输。

（1）单件运输包装。其指农产品在运输、装卸、贮存中作为一个计件单位的包装，如纸箱、木箱、铁桶、纸袋、麻袋等。

（2）集合运输包装。其指将一定数量的单件包装组合成一件大的包装或装入一个大的包装容器内，包括托盘、集装袋等。

2. 销售包装

销售包装又称小包装、内包装或直接包装，是指产品以适当的材料或容器所进行的初次包装。销售包装除了保护农产品的品质外，还有美化农产品，宣传推广，便于陈列展销，吸引消费者和方便消费者识别、选购、携带和使用，从而能起到促进销售产品价值的作用。

6.3.2 农产品包装的作用

（1）保护商品。保护商品是包装最基本和最重要的功能，在产品运输储存过程中，难免会受到一定的冲击、震动及受潮、虫害等外部环境的侵袭，如包装不好，产品就会在运输储存过程中受损。农产品的特殊性使其对包装的保护功能要求更为严格，农产品包装还必须要保护农产品的品质和鲜度。

（2）方便物流。农产品在流通过程中，要经历无数次的运输、装卸搬运、储存，好的包装可以提高仓库的利用率，提高运输工具的装载能力，还可方便消费者携带、消费。

（3）促进销售。包装是产品的无声推销员，能够促进商品销售。在农产品质量相同的情况下，精致、美观、大方的包装可以激发消费者的购买欲望。农产品包装往往给消费者形成第一印象。当前果蔬产品的包装开始趋向精美化（见图6-10）。

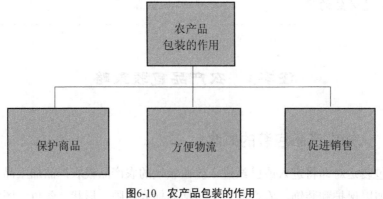

图6-10 农产品包装的作用

6.3.3 农产品包装设计的原则

"人要衣装,佛要金装",商品要包装,农产品同样如此。在5秒钟内商品能不能吸引消费者的眼球,使消费者留意、停顿、观察、赞赏并最终产生购买行为,产品包装便扮演了一个决定性的角色。重视包装设计是企业市场营销活动适应竞争需要的理性选择,好的包装赋予农产品"秒杀"的力量,让消费者一见钟情,无力抗拒。一般来说,包装设计还应遵循以下几项基本原则。

(1)安全。安全是产品包装最核心的作用之一,也是最基本的设计原则之一。在包装活动过程中,包装材料的选择及包装物的制作必须适合产品的物理、化学、生物性能,以保证产品不损坏、不变质、不变形、不漏等。

(2)便于运输、保管、陈列、携带和使用。在保证产品安全的前提下,应尽可能缩小包装体积,以利于节省包装材料和运输、储存费用。销售包装的造型要注意货架陈列的要求。此外,包装的大小、轻重要适当,便于携带和使用。

(3)美观大方,突出特色。包装具有促销作用,主要是因为销售包装具有美感。富有个性、颖别致的包装更易满足消费者的某种心理要求。

(4)包装与商品价值和质量水平相匹配。包装作为商品的包扎物,尽管有促销作用,但不可能成为商品价值的主要部分。因此,包装应有一个定位。一般来说,包装应与所包装的商品的价值和质量水平相匹配。经验数字告诉我们,包装不宜超过商品本身价值的13%~15%。若包装在商品价值中所占的比重过高,即会容易产生名不符实之感,使消费者难以接受;相反,价高质优的商品自然也需要高档包装来烘托商品的高雅贵重。

(5)尊重消费者的宗教信仰和风俗习惯。由于社会文化环境直接影响着消费者对包装的认可程度,所以,为使包装收到促销效果,在包装设计中,应该深入了解消费者特性,根据不同国家或地区的宗教信仰和风俗习惯设计不同的包装,以适应目标市场的要求。切忌出现有损消费者宗教情感、容易引起消费者忌讳的颜色、图案和文字。

(6)符合法律规定,兼顾社会利益。包装设计作为企业市场营销活动的重要环节,在实践中必须严格依法行事。例如,应按法律规定在包装上注明企业名称及地址;对食品、化妆品等与消费者身体健康密切相关的产品,应标明生产日期和保质期等。

(7)绿色环保。包装设计还应兼顾社会利益,坚决避免用有害材料做包装,注意尽量减少包装材料的浪费,节约社会资源,严格控制废弃包装物对环境的污染,实施绿色包装战略。

此外,包装还要与产品价格、渠道、广告促销等其他营销要素相配合,并满足不同运输商,不同分销商的特殊要求。

6.3.4 农产品包装的策略

1. 统一包装策略

统一包装策略是指企业生产经营的所有产品,在包装外形上都采取相同或相近的图案、色彩等共同的特征，使消费者通过统一的包装联想起这些商品是同一企业的产品，具有同样的质量水平（见图6-11）。统一包装策略不仅可以节省包装设计成本，树立企业整体形象，扩大企业影响，而且还可以充分利用企业已拥有的良好声誉，有助于消除消费者对新产品的不信任感，进而有利于带动新产品销售。它适用于质量水平相近的产品，但由于统一包装策略容易对优质产品产生不良影响，所以，对于大多数不同种类、不同档次的产品一般不宜采用这种包装策略。

图6-11　统一包装策略

2. 等级包装策略

按照农产品的质量，价值分成等级，不同等级采用不同的包装，同等级产品采用相同的包装。如对高档产品采用精致包装，对低档产品采用简易包装，其做法适应不同需求层次消费者的购买心理（见图6-12）。不同等级产品包装有各自的特点，易于区分，使消费者根据包装就可选择商品，从而有利于全面扩大销售，但包装设计成本较高。质量越高，价值越大，包装越精美。如将苹果按大小、色泽分级。

等级包装策略应注意把本企业的商品同时与市场上同类、同值产品作比较，以正确地决定等级之间的差异程度。

图6-12　等级包装策略

3. 分类包装策略

分类包装策略是根据消费者购买目的的不同，对同一种农产品采用不同的包装。例如，购买商品用作礼品赠送亲友，则可精致包装；若购买者自己使用，则简单包装。分类包装策略也是适应不同需求层次消费者的购买心理,便于消费者识别、选购商品,从而有利于全面扩大销售。

4. 配套包装策略

配套包装策略是农产品生产经营者根据消费者的消费习惯,将数种有关联的产品配套包装在一起成套供应,便于消费者购买、使用和携带,同时还可降低包装成本,扩大产品销售(见图6-13)。配套包装也是根据消费者的购物心理特点,诱发消费者的购买欲望,从而扩大商品销售。如将各种风味的糕点装在一个别致的包装盒内,不仅外形设计美观大方,还便于消费者品尝不同风味的糕点,同时方便携带,充分满足消费者的要求。但在实践中,还须注意市场需求的具体特点、消费者的购买能力和产品本身的关联程度大小,切忌任意搭配。

图6-13　配套包装策略

5. 再使用包装策略

再使用包装指原包装的商品用完后,包装容器可转做它用的策略,又称"双重用途包装策略"。

再使用包装可分为复用包装和多用途包装。复用包装可以回收再使用,可以大幅度降低包装费用,节省开支,加速和促进商品的周转,减少环境污染。多用途包装在商品使用后,其包装物还可以有其他用途。如罐头瓶还可以当水杯用,饼干盒可当纸抽盒用(见图6-14)。

图6-14　再使用包装策略

6. 附赠品包装策略

附赠品包装策略是指在包装物内附赠一些物品，从而引起消费者的购买兴趣，有时还可诱发消费者重复购买的意愿。包装物中的附赠品可以是小挂件、图片等实物，也可以是奖券。该包装策略对儿童和青少年以及低收入者比较有效，可吸引顾客的重复购买。这也是一种有效的营业推广方式。

7. 新更包装策略

更新包装就是改变和放弃原来的包装，"新瓶装旧酒"。更新包装策略是指企业包装策略随着市场需求的变化而改变的做法。一种包装策略无效，以消费者的要求更换包装，实施新的包装策略，可以改变商品在消费者心目中的地位，令人感觉产品有所改进，也可令人感觉企业具有一定的创新能力，进而收到迅速恢复企业声誉之佳效。

相关链接

水果包装凸显六大发展趋势

小型化：目前，城乡市场的水果消费已出现现买现吃的特点，而眼下市场上的箱装水果多在10～20kg。针对这种现象，及时推出5kg的轻便包装，将受到消费者欢迎。

精品化：洋水果在国内市场上比较走俏，其主要原因除水果品质好外，包装精美也是一大因素。果农们如果在包装印刷上多下功夫，销量不会比洋水果差。

透明化：消费者在购买水果时，都喜欢开包检查，看有没有次果、烂果。因此，在包装时采用部分透明材料，既显示诚实信用，又增加了包装的美感。

组合化：在市场销售的实践中，一部分果农别出心裁地把自产的苹果、酥梨、葡萄进行组合包装，消费者只要买上一包，就可品尝各种水果的美味，效果非常好。

绿色化：针对目前包装污染严重的问题，果农们就地取材，用绿色植物来编织小篮盛装水果，既美观又无污染，消费者自然喜欢选购。

礼品化：针对部分消费者购买水果作为礼物的需求，果农们投其所好，推出了礼品化包装，比如馈赠祝福型、地方特色型等，都很受消费者欢迎。

 项目案例分析

讲好品牌故事

褚橙，可算是农产品品牌故事讲得最成功的一个。

曾经的"烟王"褚时健75岁二度创业，承包2 000亩荒山创业，85岁时他的果园年产橙子8 000吨。

2008年以前，这个品种的冰糖橙在云南的收购价只是几毛钱一斤，在杭州地区的售价约5.0元/kg斤，销量很平淡。随着王石、潘石屹等知名人士在微博上的力捧，"褚橙"的传奇故事引爆公众话题，并被誉为"励志橙"。目前，"褚橙"的市场售价约为108~138元/箱5kg，而且不愁销路。

一枚精心包装的冰糖橙和一位洞悉商业智慧的营销天才，巧妙地描述了一个切合时代脉搏的励志故事，85岁老人在跌倒之后选择二次创业并最终取得成功。这种讲故事的背后，是农产品营销的一种创新。

整个传播展示出：品牌是有温度的。讲故事，可以让购买者感受到品牌的温度。人生总有起落，精神终可传承。其中，励志、不服输的精神、创新精神、工匠精神等等恰恰是这个时代需要的精神。褚橙的问世与消费者内心的渴望、认可得到碰撞，从而占领了消费者内心。

随后借助互联网平台，褚橙传播渠道得到进一步放大。当然，褚时健卖橙，他的成功之道在于，种出高品质的好水果，然后引入创意与实力兼具的生鲜电商平台作为产品营销的战略合作方，当好的产品遇到好的渠道销售模式，犹如好马配好鞍，成功是水到渠成的事情。

农产品如何讲好品牌故事呢？

（1）哪儿种？一方水土养一方人，要将本地的土地特色、休闲旅游和原生态展现出来，而往往一个原产地，都会有一个美丽的故事或者传说，或者原生态的风景和环境非常迷人。

（2）怎么种？好的农产品一定是有特别的种植方法，无论是绿色原生态的种植方法，还是传承悠久的土方法，要将这个与别的种植的差异化明显对比出来。

（3）谁种的？农产品的故事少不了人，种的人是淳朴的农民还是欢快的农民，这些农民有哪些故事，用人格化来将农产品讲出动人的故事和情怀。

从褚橙的案例，可以看得出：农产品的故事最核心的是传承，从原产地的水土，到种植方法和标准，再到农民的传承。

辩证性思考

分析褚橙品牌的成功带给我们的启示。

（资料来源：http://dy.163.com/v2/article/detail/DR1RT28705380UBN.html）

项目检测

营销知识目标检测

1. 农产品整体概念的含义及层次。
2. 农产品产品开发策略有哪些?
3. 农产品品牌策略包括哪些?
4. 农产品包装设计的原则有哪些?
5. 农产品包装策略有哪些?

营销能力目标检测

检测项目:选择一家农产品生产企业,对该企业的农产品产品开发、品牌及包装策略进行分析。

检测目的:通过检测,进一步熟悉、掌握农产品产品开发策略、品牌策略和包装策略,能够进行农产品产品开发策略、品牌策略和包装策略的分析。

检测要求:由班级学习委员组织全员分团队对农产品产品开发策略、品牌策略和包装策略进行分析、讨论、交流,教师进行评价。

项目7　农产品定价策略

项目目标

营销知识目标

理解农产品价格的构成要素和影响农产品定价的主要因素；掌握农产品定价的方法和定价策略。

营销能力目标

能够运用农产品定价的方法和策略，进行农产品定价策略分析。

项目导入案例

单价破五，"火箭蛋"又来了？

"一斤鸡蛋5块钱，这次涨价很'凶猛'。"2018年中秋节前夕，不少市民明显感觉到鸡蛋价格不断上升。8月11日某市记者采访获悉，近一个月内，全省鸡蛋价格上涨了1.29元/kg。多地鸡蛋销售场所，单价均在5元/500g左右。在一家大型超市，鲜鸡蛋会员价为4.8元/500g，非会员价则为5.1元/500g。记者采访发现，市民对于鸡蛋价格起伏的态度趋于理性。一名市民说，"还记得去年春天鸡蛋单价不足3元/500g，给养殖户带去很大的压力。鸡蛋是日常必需品，只要在合理的范围内涨跌起伏，都是正常的。不能为了消费者吃便宜鸡蛋，养殖户一直亏本经营。"为何出现这一情况，畜牧专家认为，供求关系仍是主导因素，表现为供需调整与季节性规律之间的共振。今年鸡蛋价格在经历了端午节后的弱势低谷行情之后，在7月初开始上涨。这次价格回升属于高温期阶段性涨价，历年进入7月份鸡蛋价格都会出现较大幅度的上涨，今年涨价背后有4个主要原因：一是进入7月份，迎来长时间的高温天气，产蛋鸡采食量下降，进入"歇伏期"，产蛋率大幅度降低，在供应端支撑蛋价；二是端午节后蛋价持续低迷，使得养殖户抵触低价，控产盼涨情绪浓厚，助推蛋价上涨；三是进入7月份之后各地出现大暴雨导致交通不便，鸡蛋运输受阻，市场库存不足，提振蛋价；四是鸡蛋销售成本增加。高温导致生鲜蛋储存受到影响，存储时间大幅缩短，生产批发环节的销售成本随着冷藏需求和折损率的提高而增加，加速了蛋价的上涨。

辩证性思考：分析影响鸡蛋涨价的主要原因有哪些？

（资料来源：半岛都市报，2018年8月11日）

任务1 影响农产品定价的因素

在市场经济条件下，农产品企业作为独立的生产者和经营者，可以自主地制定价格，因此，价格是营销组合的可控变量之一。但是，这种自由定价并不是随心所欲、不受任何限制的。价格的制定要受一系列内部因素和外部因素的影响，其中，内部因素包括企业的定价目标、营销组合、生产成本等，外部因素包括市场特性、需求特点、竞争者特点、消费者心理特点和宏观环境特点等。

7.1.1 农产品价格构成要素

农产品市场价格＝农产品生产成本＋流通费用＋利润

1. 农产品生产成本

农产品生产成本是农产品在生产过程中耗费的所有物质资料和人工费用的总和。它是构成农产品价格的基础。

2. 流通费用

流通费用是农产品在从田间到市场销售这个过程中所发生的各种费用，主要包括储运费用、摊位费用等。流通费用的高低主要取决于流通环节，流通环节越多费用越高。

3. 利润

利润是指农产品的销售收入扣掉生产成本和流通费用后的剩余部分。所以利润的多少取决于农产品市场价格的高低及生产成本和流通费用的多少。

7.1.2 影响农产品定价的因素

1. 企业定价目标影响农产品定价

农产品价格不是漫无边际地随意波动的。定价目标就是农产品企业进行商品定价时要达到的主要目的，它是确定定价策略和定价方法的依据。

（1）以维持生存为目标。在激烈的市场竞争中，如果农产品企业将维持生存作为自己的主要目标，那么人们就会选择降低产品价格，即价格只需能弥补可变成本和部分固定成本。

（2）以利润最大化为目标。许多经营者都喜欢制定高价格来快速取得市场利润，尤其在推出新产品的时候，让消费者感到物有所值。

（3）以销售增长率最大化为目标。一般情况下，销售额越大，单位成本就越低，经营者的利润也就越高。这样的农产品企业一般可以采取低价格来吸引对价格敏感的消费者。

（4）以产品高质量来提高产品价格。现实中农产品经营者可以通过名、优、特、新产品的生产来获得高价格和高赢利。

（5）以市场份额为目标。在竞争性市场上，农产品企业用保持和增加市场份额作为定价目标，有利于参与竞争。

（6）以适应竞争为目标。大多数经营者对于竞争者的价格都十分敏感，在定价之前，做认真的比较，并主要以对市场有决定影响的竞争者的价格作为定价基础。

（7）以稳定价格为目标。在市场竞争和供求关系比较正常的情况下，为了避免不必要的价格竞争，保持生产的稳定，以求稳固地占领市场，经营者常常以保持价格稳定为目标。

2. 农产品成本影响农产品定价

农产品成本包括生产成本和流通费用。成本是定价的下限，如果农产品定价低于这个下限，农产品企业不仅无利可图，而且连简单再生产也无法维持。在正常情况下，农产品定价要高于成本。

农产品企业为获得理想的利润，一方面应在可能的情况下制定尽量高于成本的销售价格，另一方面应在生产经营过程中采取各种措施，努力降低成本，以求在同等价格水平下，获取更多的利润。

3. 供求状况影响农产品定价

一般情况下，当某种农产品的供给量大于市场上的需求量(即产品供过于求)时，产品滞销，价格下跌；当某种农产品的供给量满足不了市场上人们的需求量(即产品供不应求)时，产品畅销，价格上涨。

当某一产品价格高到一定水平时，将无人购买，此价格就是该产品定价的上限市场需求。

对于不同农产品，由于其需求价格弹性大小不一，供求关系对其价格的影响程度是不相同的。

4. 市场竞争因素影响农产品定价

竞争对手的多少和竞争强度对农产品定价有重要的影响。

农产品在市场上竞争者少，价格就高，特别是一些高档农产品，而普通农产品市场竞争者多，价格偏低。

农产品在定价时，必须考虑竞争者产品的质量和价格。如果自己的产品与竞争对手的产品相似，就可制定与竞争者相似的价格，否则销路就会受影响；如果比竞争对手的产品质量差，则将价格定得低些；如果优于竞争对手的产品，则价格就可以定得高些。

5. 消费者心理和习惯影响农产品定价

价格的制定和变动在消费者心理上的反应也是价格策略必须考虑的因素。在现实生活中,很多消费者存在"一分价钱一分货"的观念。面对不太熟悉的商品,消费者常常从价格上判断商品的好坏,从经验上把价格同商品的使用价值挂钩。消费者心理和习惯上的反应是很复杂的,某些情况下会出现完全相反的反应。例如,在一般情况下,涨价会减少购买,但有时涨价会引起抢购,反而会增加购买。因此,在研究消费者心理对定价的影响时,要持谨慎态度,要仔细了解消费者心理及其变化规律。

农产品企业决定价格时,必须考虑消费者对农产品价格的反应。价格的数字表示非常明了,然而消费者会对其有各种各样的理解。另外,消费者对价格的反应也会因农产品的种类而异。例如,在食品消费中,对很难看到品质差别的鸡蛋,消费者的价格反应较敏感;相反,消费者对于品质和口味差异较大的糖果,首先重视的是其产品是否符合自己的兴趣爱好,而不是价格。

消费者心理因素对农产品的定价有时也有着深刻的,甚至是决定性的影响。市场销售管理者有必要在制定价格时充分了解和掌握消费者对自己产品的购买心理和能接受的价格。

另外,企业或产品的形象因素也影响农产品定价,有时企业根据企业理念和企业形象设计的要求,需要对产品价格做出限制。例如,企业为了树立热心公益事业的形象,会将某些有关公益事业的产品价格定得较低;为了形成高贵的企业形象,将某些产品价格定得较高。

6. 政策法规或行业组织干预

由于农产品价格是关系到国家、企业和广大农民三者之间的物质利益的大事,牵涉各行各业和千家万户,与人们的物质生活息息相关,因此,国家在遵循价值规律的基础上,往往还通过特定物价工作方针和各项政策、法规,对农产品价格进行管理,或利用税收、金融、海关等手段间接地控制农产品价格。因而国家有关的政策、法规对农产品价格的形成有着极其重要的影响。

政府为了维护经济秩序,或为了其他目的,可能通过立法或者其他途径对企业的价格策略进行干预。政府的干预包括规定毛利率,规定最高、最低限价,限制价格的浮动幅度或者规定价格变动的审批手续,实行价格补贴等。例如,美国某些州政府通过租金控制法将房租控制在较低的水平上,将牛奶价格控制在较高的水平上;法国政府将宝石的价格控制在低水平,将面包价格控制在高水平;我国某些地方为反暴利对商业毛利率进行限制。一些贸易协会或行业性垄断组织也会对企业的价格策略进行影响。

任务2　农产品定价方法和定价策略

7.2.1　农产品定价的方法

影响农产品定价的最基本因素是产品成本、市场需求和竞争状况。从这三个方面的不同侧重点出发,定价方法就可分为三类:成本导向定价法、需求导向定价法和竞争导向定价法。

1. 成本导向定价法

成本导向定价法是以农产品的总成本为中心来制定价格的一种方法。

(1) 成本加成定价法。成本加成定价法就是在产品单位总成本的基础上,加上定的预期利润,作为产品的销售价格。利润比例就是俗称的"几成"。计算公式为

单位产品销售价格=产品的单位总成本×(1+加成率)

采用这种定价方法的关键:一要准确核算成本;二要确定恰当的利润百分比(即加成率)。

对于季节性强的产品、特殊品、贮存保管费用高的产品以及需求缺乏弹性的产品,加成率一般宜高一些。

其优点:计算简便,在正常情况下,可以保证获得预期利润。

其缺点:只考虑了产品本身的成本,忽视了市场供求和竞争的情况。

用这种方法计算出来的价格,很可能不为消费者所接受,或缺乏市场竞争力。因此加成率应随着市场需求及竞争情况的变化而作相应的调整。

成本加成定价法适用于产销量与产品成本相对稳定、竞争不太激烈的情况下。

例7.1:某果品加工企业生产某种水果罐头,经核算生产一瓶罐头的总成本为10元,按30%的加成率计算,计算每瓶水果罐头的销售价格。

解:每瓶罐头销售价格=10×(1+30%)=13元

(2) 盈亏平衡定价法。盈亏平衡定价法又叫"收支平衡定价法""保本点定价法",是按照某产品的销售总收入与该产品的总成本平衡的原则来制定该产品的价格的。由单位产品销售价格×产品产销量=产品总成本,其计算公式为

单位产品销售价格(保本点价格)=单位产品变动成本+单位产品固定成本

盈亏平衡定价法适用于竞争激烈、经营不景气、销售困难的情况下。

> 🔗 **实用链接**
>
> 产品成本的分类。根据是否随产销量的增减而增减,产品成本可分为两类:固定成本和变动成本。
>
> (1) 固定成本。固定成本是指在一定限度内不随产量和销量的增减而增减、具有相对固定性质的各项成本费用,如固定资产折旧费、房地租金、办公费用等。

> （2）变动成本。变动成本是指随着产量和销量的增减而增减的各项费用，如原材料消耗、生产工人的工资等。
>
> 固定成本与变动成本之和即产品的总成本。

例7.2：假设果品企业全年固定成本总额为2万元，每千克果品的变动成本为8元，如果订货量分别为8 000kg和10 000kg，果品售价各应定为多少时，企业才能保本？

解：订货量为8 000kg时：保本点价格8+20 000/8 000=10.5元

订货量为10 000kg时：保本点价格8+ 20 000/10 000= 10元

（3）目标利润定价法。目标利润定价法是指以投资额为基础，加上投资希望达到的目标利润进行定价的一种方法。计算公式为

单位产品销售价格=（总成本＋目标利润）/预计销售量=（固定成本+目标利润）/预计销售量＋单位产品变动成本

其优点：可以保证实现既定的利润目标。

其缺点：这种方法是先估计产品的销售量，再据此计算出产品的价格，这样的价格，不能保证销售量的全部实现。因为实际操作中，价格的高低反过来对销售量有很大影响。

目标利润定价法适用于市场占有率较高或自制商品具有独特性的情况下。

例7.3：例7.2中，如果该果品企业希望达到的年目标利润为5万元，预计年销量为10 000kg，向产品售价应定为多少，企业才能实现目标利润？

解：目标利润价格=（20 000+50 000）/10 000 +8 =15元

2. 需求导向定价法

需求导向定价法是以消费者对产品价值的理解和需求强度为依据来定价，而不是以产品的成本为基础定价的。

（1）理解价值定价法。理解价值定价法也称"感受价值定价法""认知价值定价法"，是根据消费者在主观上对产品的理解价值来定价的一种方法。

消费者在购买某一产品之前，基于从产品的广告宣传所得的信息及自身的购物经验、对市场行情和同类产品的了解等，对产品价值有一个自己的认知和理解。只有当产品的价格符合消费者的理解价值时，他们才会接受这价格；反之，消费者就不会接受这个价格，产品就卖不出去。

理解价值定价法多用于名优特新产品及工艺品的定价。

如一个肯德基汉堡，其成本不过几元钱，而售价高达十几元，甚至数十元，仍然卖得很好，就因为它是名牌产品，而其他普通牌子的汉堡即使质量已赶上并超过该名牌产品，也卖不了那么高的价格。消费者对产品价值的感受，主要不是由产品成本决定的。

（2）需求差异定价法。需求差异定价法又称"差别定价法"，是指根据销售对象、销售地点、销售时间等条件变化所产生的需求差异，尤其是需求强度差异，对相同的产

品采用不同价格的方法。

采用这种方法定价,一般是以该产品的历史价格为基础,根据市场需求变化的具体情况,在一定幅度内加价或减价。需求差异定价法主要有以下几种形式。

1)不同消费者的差别定价。这是根据不同消费者的消费性质、消费水平和消费习惯等差异,制定不同的价格。如会员制下的会员与非会员的价格差别,学生、教师、军人与其他消费者的价格差别,新老消费者的价格差别等,可以根据不同的消费者的购买能力、购买目的,制定不同的价格。

2)不同地点的差别定价。由于地区间的差异,同一产品在不同地区销售时,可以制定不同的价格。如某种饮料在旅游景点和街边零食店出售,由于需求程度不同定价不同。

3)不同式样产品的差别定价。同一种质量和成本的产品,但外观和式样不同,对消费者的吸引程度不同,可以制定不同的价格。如食品中的礼品装、普通装及特惠装三种不同的包装,虽然产品质量和成本几乎没什么差别,但价格往往相差很大。

4)不同时间的差别定价。同一产品由于在不同的时间段里,顾客的需求强度是不同的,据此可制定不同的价格。如在需求旺季时,可以提高价格;在需求淡季时,可以采取降低价格的方法吸引更多顾客。

需求差异定价法,对同一产品制定两个或两个以上的价格,其好处是可以使产品定价最大限度地符合市场需求,促进产品销售,有利于生产经营者获取最佳的经济效益。

 实用链接

采用需求差异定价法要具备的条件

(1)消费者对产品的需求有明显的差异,需求程度不同,市场能够细分。

(2)消费者在主观上或心理上确实认为产品存在差异,价格差异不会引起顾客反感和不满。

(3)不存在市场套利行为,低价市场的购买者没有可能将低价购进的某种产品在高价市场上倒卖给别人。

(4)采取的价格差异形式不违法。

3. 竞争导向定价法

竞争导向定价法主要依据竞争者的价格来定价。通过研究竞争对手的产品质量、服务状况、价格水平等因素,结合自身的竞争实力,来确定产品价格。

(1)随行就市定价法。随行就市定价法又称"通行价格定价法",是指以本行业的平均市场价格水平作为定价基础的一种方法。

采用通行价格定价法,既容易被消费者所接受,也能与竞争对手"和平共处",避免价格战产生的风险,还能给自己带来合理的利润。随行就市定价法主要适应于以下几种情况：①同质产品的定价。②产品成本难以核算。③欲与同行业竞争者和睦相处，避免竞争激化。④难以对消费者和竞争者的反应作出准确估计，不易为产品另行定价。

（2）投标定价法。投标定价法是指在招标竞标的情况下，根据竞争者可能的报价，来确定自己产品价格的方法。

投标定价法主要用于大宗农产品采购。一般是由一个买方(某农产品求购者)公开招标，多个卖方(某农产品供给者)竞争投标报价，最后由买方按物美价廉的原则择优选取。

7.2.2 农产品定价策略

1. 新产品定价策略

（1）撇脂定价策略。撇脂定价策略又称高额定价策略，意为提取精华，快速取得利润，即在新产品投放市场的初期，利用消费者求新、求奇的心理动机和竞争对手较少的有利条件，以高价销售，在短期内获得尽可能多的利润，以后随着产量的扩大、成本的下降、竞争对手的增多，再逐步降低价格。

撇脂定价技巧的适用条件：产品的质量与高价格要相符一致；要有足够的消费者能够接受这种高价并愿意购买；竞争者在短期内不易打入该产品市场。

（2）运用渗透定价策略。渗透定价策略又称低额定价策略，与撇脂定价策略相反，它是在新产品介绍期定较低的价格，以吸引大量消费者，提高市场占有率，实现赢利目标。在食品市场竞争激烈的环境中，采用此技巧有积极的作用，因为定价低，在市场潜力大、竞争者容易渗透的情况下，给予竞争者一个价低利少、无利可图的印象和感觉，从而抑制了竞争者的渗透。

渗透定价技巧的适用条件：目标市场必须对价格敏感，即低价可扩大市场，促进销售；生产和分销成本必须能随销售量的扩大而降低。

（3）运用满意定价策略。满意定价策略又称中间定价策略，是介于撇脂定价策略和渗透定价策略之间的一种中间定价策略，因价格水平适中，农产品生产者、中间商及消费者各方面都能顺利接受。作为一种中间定价策略，在新产品刚进入市场的阶段，将价格定在介于高价和低价之间，力求使买卖双方均感满意。一般产品都适宜采取这种定价策略。

2. 心理定价策略

心理定价策略是充分了解、分析和利用消费者不同的消费心理，在采用科学方法定价的基础上，对价格进行一些灵活的甚至是艺术的调整。

（1）尾数定价策略。尾数定价策略是农产品企业为产品制定一个与整数有一定差额的价格，使消费者产生心理错觉，从而促使购买的一种价格技巧。例如，本应定价100元的商品，定价99.99元，虽然只低0.01元，却可给买者以价廉的感觉。

（2）整数定价策略。整数定价策略与尾数定价策略正相反，有的产品不定价为9.8

元,而定为10元,同样使消费者产生一种错觉,迎合消费者"便宜无好货,好货不便宜"的心理,以显示产品的高档。

这是针对求名或自尊心理较强的消费者所采用的定价策略。整数定价对低价产品来说有主观之嫌,但对高价产品却是适宜的。

(3)声望定价策略。对在消费者心目中享有声望的农产品,制定比产品的实际成本、一般利润高得多的价格,迎合消费者的求名心理即"价高质必优"的心理,满足高收入消费者的需要。

(4)促销定价策略。农产品企业利用消费者有贪便宜的心理,将某几种产品定低价(低于正常价格甚至低于成本),或利用节庆日举行"特价"等活动,把部分产品按原价打折出售,以吸引消费者。

(5)习惯定价策略。消费者在长期、大量的购买活动中,对某种产品需要支付多少金额会产生牢固的印象,渐渐地在购买时形成了一种价格定势。这种价格定势心理对消费者的购买行为有着重要的影响,他们往往从习惯价格中去联想和对比价格的高低涨落,以及产品质量的优劣差异。农产品企业对这类产品定价时,要充分考虑消费者的这种心理定势,不可随意变动价格,应比照市场同类产品的价格定价。否则,一旦破坏消费者长期形成的消费习惯,就会使之产生不满情绪,导致购买的转移。

(6)招徕定价策略。招徕定价策略包括低价招徕定价和高价招徕定价两种基本形式。一些农产品经营者利用消费者的求廉或好奇心理,有意将某种或某些产品的价格定低或按变动成本定价,甚至将某些产品的价格定高,以吸引消费者进店。在购买了这些低价或高价产品之后,再购买其他正常价格的产品,消费者会改变以往的消费习惯而提高购物欲望。

3. 折扣定价策略

(1)现金折扣策略。现金折扣策略又称"付款期限折扣",是指对按约定日期付款或提前付款的消费者,给予一定的价格折扣。鼓励消费者早日支付货款,以加速资金周转,减少呆账风险。某农产品赊销时规定:消费者的付款期限为1个月,若立即付现可打95折,10天内付现可打97折,20天付现可打98折,最后10天付款则无折扣。

(2)数量折扣策略。数量折扣策略是指按消费者购买数量的多少给予不同的价格折扣,数量折扣分为一次折扣和累计折扣两种形式。一次折扣是指按照单项产品一次成交数量或金额的多少,规定不同的价格折扣率,一般适用于能够大量交易的单项产品,用于鼓励买方大批量购买。累计折扣是指在一定时期内购买一种或多种产品的数量。或金额超过规定数额时,给予买方的价格折扣,折扣的大小与成交数量或金额的多少成正比。某果品经营者给顾客的优惠是:一次性购买满200元,折扣10%;满300元,折扣15%;满500元,折扣20%;不足200元,不给折扣。

> **实用链接**
>
> 　　柑橘盆栽卖得俏每盆300元抢着要。"没想到柑橘也能盆栽,既可以观赏还能摘果子吃,安逸!""买一盆放在阳台上,看到金黄色的果子挂满枝头,肯定心情都要好很多。"日前,在重庆市江津龙华镇新店村锦程四季橘香育苗基地,一群游客围着一盆盆挂满金黄色果子的盆栽柑橘赞不绝口。
>
> 　　"这些盆栽柑橘是我们基地新培育出的新产品,一盆要卖300元,而且还要提前订货。"该基地育苗负责人兰庆渝向笔者介绍,这里是全市最大的柑橘无病毒苗木繁育和柑橘盆栽基地,目前这里已建成柑橘无病毒苗木采穗圃网室、育苗温室、设施大棚、苗圃和示范园350亩。"我们有20多个不同品种的柑橘苗,可为市民提供柑橘盆景的私人订制服务。"兰庆渝说。寓意美好卖得俏:据了解,在很多地方,买金橘盆栽有着美好的寓意,因为"橘""吉"同音,有吉祥如意、大吉大利的含义,结满枝头的金橘模样也讨喜,因此很受市场欢迎。
>
> 　　(资料来源:https://www.sohu.com/a/204143753_100016544,2017年11月13日)

 项目案例分析

巧妙定价,让消费者心花怒放

　　如何制定茶叶价格?要制定让消费者心花怒放、感觉到"值"的价格,至少要在生产成本的基础上,综合考虑五个要素。

　　(1)要看品牌定位。定价要符合茶叶的品牌定位,通俗地说,高档茶主要面对经济实力雄厚的人群,自然要有相应的高价格;大众茶向经济实力般的大众消费,就要有相应的大众价格。如西湖龙井作为高档茶的代表,其价格始终居高不下,明前的西湖龙井更是被炒至大价。

　　(2)要看产品系列的定位。一个茶叶品牌可以有很多系列,如作为专业闽茶品牌,闽豪功大旗下铁观音有龙吟珠、功成茗就、闽杰、闽道、闽瑞、山野村夫等七大系列,各有各的特色,分别针对不同购买力的目标人群,同时也针对各个系列的品质差异,制定了不同的价格,满足了不同消费者的需求。

　　(3)要顺应消费者的认知习惯。在消费者的认知里,高价格往往等于高质量,便宜没好货。因此,好产品一定要有其相对应的"高价格",价格定低了,消费者不相信这是"高档货",一定不买账;而大众产品自然要有"大众价格",定高了，消费者觉得不值，同样不买账。不管定高价还是定低价，一定要实事求是，保证茶叶"物超所值"才行。

（4）要预留运作空间，即发有充足的利润空间，保障灵活的促销空间。利润包括茶企自己的利润和经销商的利润。促销也包括两种，一种是渠道促销，主要目的是吸引经销商进货；另一种是终端促销，主要目的是吸引消费者购买。

如茶叶成本是100元，加上20元的利润，看起来不少了。但每逢节假日，打9折之后是108元，接近成本，但消费者还是认为茶叶的折扣太少。这就是预留的运作空间不够。若再考虑经销商的利润，这个价格就很难生有了。

（5）注意小技巧的大作用。在定价的时候，一定要注意数字间细微差异造成的天壤之别。

如500g茶叶定价1 000元和999元，你有什么感觉？尽管只是1元的差距，但是前者给人的感觉是上了"1 000元"这个数量级，后者给人的感觉是"1 000元还不到"，仿佛两者有着实质性的差异。

辩证性思考

茶叶定价时，要综合运用哪些具体的定价方法。

（资料来源：江南时报，2013年5月29日）

项目检测

营销知识目标检测

1. 农产品价格的构成要素有哪些？
2. 影响农产品定价的主要因素有哪些？掌握农产品定价的方法和定价策略。
3. 成本导向定价有没有哪几种？各有什么利弊？
4. 需求导向定价法有哪几种？各有什么利弊？
5. 简述农产品定价策略的内容，并举例说明。

营销能力目标检测

检测项目：选择一家农产品生产企业或农产品经营企业，对该企业进行农产品定价策略分析与运用。

检测目的：通过检测，进一步熟悉、掌握农产品定价方法和策略，能够进行农产品定价策略分析与运用。

检测要求：由班级学习委员组织全员分团队对农产品定价策略进行分析、讨论、交流，教师进行评价。

项目8　农产品分销策略

项目目标

营销知识目标

掌握农产品直销和间接销售的形式；掌握现代信息技术在农产品销售过程中的应用。

营销能力目标

能够运用农产品分销策略的方法，进行农产品直销、间接销售和网络营销的分析。

项目导入案例

阳澄湖大闸蟹的组合营销模式

阳澄湖大闸蟹每年都被炒得"红遍全球"，其核心就在于转变营销模式，采用组合营销模式：饥饿营销+网络营销+会员卡制度。

（1）饥饿营销。阳澄湖大闸蟹总是有意调低产量，造成市场上"一蟹难求"的现象，这样做不仅维护了品牌形象还抬高了售价，进而提高整体利润，可谓一举两得。

（2）网络营销。在阳澄湖大闸蟹尚未上市时，就通过微博等社交媒体工具在网上热炒产品并实行团购预定，以此达到扩大影响力的目的。

（3）会员制度。为了满足消费者的多样化消费需求，直营店里的蟹卡采用了磁条记忆的技术，可多次刷卡消费及反复充值使用，这一便利举措大大增加了用户黏性。

辩证性思考：谈谈你对阳澄湖大闸蟹营销模式创新的看法？

（资料来源：吾谷网wugu.com.cn）

任务1　农产品直接销售

8.1.1　认知农产品直销

1. 认知农产品直销的概念

农产品直销是指农产品生产者直接将农产品销售给消费者或用户，不经过任何中间环节的销售方式，也称"零级渠道"，如图8-1所示。

图8-1 农产品直销模式

2. 农产品直销的优缺点

农产品直销没有任何中间商的介入，起点是生产者，终点是消费者，它的优缺点见表8-1。

表8-1

优　点	缺　点
1．了解市场需求。直接面对消费者销售，可及时、具体、全面地了解消费者的需求状况。 2．控制产品价格。取消了中间环节，减少了产品损耗，免去了层层加价，降低了营销成本，进而有利于降低售价，提高产品竞争能力。 3．提供有效服务。直接为消费者服务，为人们的特殊购物需要提供了可能。 4．回款迅速。可及时收回货款，加快生产资金周转	1．分散生产者的精力。集生产、销售、管理于一身，生产者要承担全部的市场风险。 2．增加销售费用。生产者销售产品时需要花费一定的人力、物力、财力。 3．销售受限。有的销售机构销售能力有限，销售范围和数量受到较大限制

3. 选用农产品直销方式的条件

农产品直销的优势明显，但不是任何农产品生产者在任何条件下采用直销方式都是最佳的选择。选用农产品销售方式时，需要考虑农产品、生产者、消费者、竞争者等方面的因素，见表8-2。

表8-2 选用农产品直销方式要考虑因素和条件

考虑因素		适宜直销条件
农产品	自然属性	易腐烂变质或易损坏的农产品，如蔬菜、水果、鲜鱼虾、鲜奶、鲜花等
	体积和重量	体积大、笨重的农产品，如牛、羊等
	技术性和服务要求	技术性强，服务要求高的农产品，如观光旅游农业的产品及服务
	是否具有销售能力和经验	具有较强的营销能力和经验，可自己组织销售
	是否能有效覆盖目标市场	规模大、实力雄厚，可以占领目标市场，并不断扩大市场份额
	是否具有较高的利润率	比较采用不同销售方式时的支出与所得，直销的所得大于支出且经济效益最大
消费者	目标市场范围的大小	目标市场范围小，潜在购买者少
	消费者的集中程度	消费者分布较为集中
	消费者的购买习惯	顾客一次购买量大，购买频率低

续表

考虑因素		适宜直销条件
其他	竞争产品的销售渠道	通常情况下，应与同类产品竞争者采用相同或相似的销售方式；竞争激烈时，应寻求独特的销售方式
	空间便利性	交通便利、就近
	中间商的合作性	中间商不愿合作、合作费用高

农产品直销的方式多种多样，主要分为农产品零售直销、订单直销和观光采摘直销三类。

8.1.2 农产品直销的方式

1. 农产品零售直销

农产品零售直销是指生产者在田间、地头、农贸市场、菜店中直接把农产品出售给消费者，或直接把农产品送到客户（旅馆、饭店、家庭）手中的直销方式。

农产品零售直销的主要形式：①农贸市场上农民自己出售农产品。②农家直销。③地头、集市销售。④租赁柜台、自开直销店销售。⑤直接送货上门。⑥网上零售直销。

2. 农产品订单直销

农产品订单直销是由农产品加工企业或最终用户与农产品生产者直接签订购销合同，生产者根据合同安排生产、定向销售的直销形式。如粮食加工企业与农户直接签订单订购粮食、学校食堂与农户直接签订单订购蔬菜等。订单销售是先找市场后生产，既避免了生产的盲目性，又适应了市场的需要，较好地解决了农产品卖难的问题。

（1）农产品订单直销的主要形式。①农户与科研、种子生产单位签订合同。②农户与农业产业化龙头企业或加工企业签订购销合同。③农户与专业合作经济组织、专业协会签订合同。④农户与其他最终用户签订合同。

无论通过哪种方式，都要以搞好产销衔接为重点，以保护农民利益为核心，因地制宜地发展订单直销。

 实用链接

农产品订单直销发展中存在的主要问题

（1）存在盲目签订合同现象。有的生产者对订单农业认识不清，对订单农业特定的用途、需要的条件了解不够，只凭一腔热情，随意签下一些不切实际的虚假单、模糊单，这会导致很大的风险，造成不应有的损失。

（2）订单农业合同不规范。有的合同主体不明确，以乡（镇）政府或村委会的名义与客户签订订单农业合同，但这二者并不具备履约能力，一旦发生经济纠纷，很容易造成真正当事人缺失以致无人负责的局面；有的合同内容不详细，对合同履行期限、地点和方式、违约责任或争议解决办法等一些关键内容缺少明确规定；有的合同具体规定不合理，在一定程度上影响了合同的可操作性。

（3）当事人诚信意识和法律观念不强。当农产品市场价格低于合同收购价格时，有的企业和经纪人会因无利可图而毁约，订而不收或者压价收购，使农民蒙受经济损失；反之，当市场价格高于订单价格时，有的农民也会毁约，从眼前利益出发，把产品卖给其他收购者，损害了客户的正当权益。上述两种情况都会影响订单农业的健康有序发展。

（4）农产品质量不合要求，技术水平低。有的农民缺乏守约意识，不是按照约定的标准加强生产管理，而是单纯追求数量，致使生产的产品达不到合同要求的质量和标准，导致履行订单时产生争议，出现毁约现象。

（2）农产品订单直销的实施。要做好农产品订单直销，需要从寻找农业订单、签订农业订单、履行农业订单三方面着手，并发挥地方政府的引导、服务、规范和监督作用，见表8-3。

表8-3　农产品订单直销的实施

要　素		操作方法
寻找农业订单		县乡政府帮助农民找订单； 通过农产品推销能人找订单； 通过参加农产品交易会找订单； 通过网络寻找订单； 通过农业中介服务机构找订单
签订农业订单	诚信考察	要搞好签约企业的资信调查，全面了解企业的经营、管理、运作、履约能力等情况，选择信誉好、实力强、运转正常的企业作为合作对象
	市场调研	多渠道、全方位地搜集信息，掌握农产品的供求信息，了解订单农业的适用范围。 一些常规性农产品由于种养的普遍性，企业选择余地比较大，往往导致订单关系脆弱，造成失约现象。而特色农业、优质农产品以及专用性比较强的农产品，因为具有特有性，合同关系相对比较稳定。因此，要把订单农业重点放在名特优农产品和专用农产品上

续表

要　素		操作方法
	订立合同	发展订单农业，必须签订完备、严密、可操作的合同，尽量避免约定不明发生争议，特别是要把当事人的名称和住所、标的、数量、质量、价格、履行期限、地点和方式、违约责任、解决争议的方法等条款列详细、订明白，这是防止企业毁约的有效手段。 以下订单签不得：来路不明的订单、收押金的订单、口头承诺的订单、脱离实际的订单等
履行农业订单	维护订单的严肃性	要加强对法律法规知识及相关政策的宣传力度，增强合同双方的法律意识，引导农民和企业树立法制观念，提高诚信意识，依法认真履约，维护订单合同的严肃性
	注重提高农产品质量	要加快推进标准化生产和管理，大力推广先进科学技术，采用科学管理方法，努力提高农产品的品质，进一步增强农民的质量意识、标准意识，严格按照订单的要求履行职责，以良好的信誉和高质量的产品树立形象，赢得更多的订单

3. 农产品观光采摘直销

观光采摘直销是农产品生产者在游客观光、采摘、垂钓等活动中，直接推销自己农产品和服务的一种直销形式，是随着观光农业的兴起应运而生的。

观光农业是为满足人们精神和物质享受而开展的，可吸引游客前来观赏、品尝、购物、习作、体验、休闲、度假的现代农业形态，是旅游业与农业交叉的新型产业。观光农业以"绿色、参与、体验、休闲"为特色，游客在直接接触、观赏、享受的过程中，引发消费欲望，促进农产品的直接销售。

（1）影响观光采摘运行的主要因素。

1）单纯模仿，产品缺乏特色。目前多数观光采摘园相互模仿，产品雷同单一，缺乏个性和特色，缺乏精品和亮点，难以满足游客的深层次需求，造成游客逗留时间短，消费支出受抑制，游客重游率低。

2）季节性强，造成资源的浪费。由于农产品生产的特殊性，观光采摘园的季节性较强，存在着明显的淡旺季差别。旺季车水马龙，淡季门庭冷落，造成了资源的浪费。

3）基础和服务设施不完善。基础设施和公共服务体系建设滞后，是观光采摘园的普遍问题。有些景区道路凹凸不平，狭窄难行，可进入性非常差；有些景区卫生及住宿条件让人望而生畏，让游客感觉是在花钱买罪受，大大制约着出游率、重游率。

4）人员素质差，服务水平低。大多数观光采摘园都是在原有生产基地的基础上开发而成的，经营人员以当地农民为主，他们在长期的生产活动中形成了自由散漫的习惯，又因未受专业培训，旅游服务意识较差，服务质量较低，容易引起顾客的不满。

5）缺乏品牌意识，知名度低。多数采摘园经营者缺乏营销观念，在品牌建设上投入少,仅仅靠原始的"口碑"进行品牌传播,在市场上的知名度不高,观光采摘的人流量少,限制了其综合效益的提高。

(2)观光采摘直销的实施。

针对影响观光采摘运行的主要因素,搞好观光采摘直销要做好创新特色产品突破季节性限制、抓好基础设施建设、提高服务水平、强化品牌意识五点,并发挥各级政府的引导、管理和支持作用,见表8-4。

表8-4 观光采摘直销的实施

要　素	操作方法
创新特色产品	培育有机、绿色产品,可依托科研院所引进高科技,采用先进农业生产技术,给游客提供真正的绿色食品,提升观光采摘园的档次
	引进一些本地没有的新奇特产品品种,满足消费者求新、求异、求变的心理,促进产品的销售
突破季节性限制	依托设施农业栽培反季节品种,反季节栽培虽然起步投入较大,日常管理技术较为繁杂,但投资回报快
	合理搭配产品品种,突出多样性与观赏采摘的持续性。有能力的采摘园要努力做到四季有果有菜有花,形成不同的季节特色
抓好基础设施建设	争取政府的政策、资金支持,修整道路,设置停车场
	建造服务接待设施,搞好园区绿化美化等,使之具备舒适性、观赏性,完善休闲观光功能
提高服务水平,加强从业人员培训	邀请有关专家教师或有关部门负责人对服务人员进行培训
	采取定期或不定期、集中或分散等多种形式对从业人员进行农业科技、民俗文化、礼貌礼仪、卫生安全等方面的培训,提高从业人员的综合素质,使采摘服务更加专业化、职业化
强化品牌意识,加大营销力度	户外广告宣传,在高速公路沿途设置巨大的广告宣传牌,公路两旁设立旗帜小广告,印刷宣传折页等
	依托报刊、电视、互联网等媒体,以新闻事件的形式,向公众多渠道宣传,加大营销力度推介,以此来提高品牌的知名度和影响力
	采摘园经营者要增强品牌意识,积极参与举办各种农事节庆活动和主题活动,筹划和推介采摘旅游项目,加大品牌宣传力度

任务2　农产品间接销售

8.2.1　认知农产品间接销售

1. 认知农产品间接销售的概念

农产品间接销售是指农产品生产者通过中间商把自己的产品卖给消费者或用户的销售方式,包括一级渠道、二级渠道、三级渠道等。

（1）农产品间接销售一级渠道模式。

生产者→零售商→消费者。

生产者→批发商/代理商/经纪人→用户。

（2）农产品间接销售二级渠道模式。

生产者→批发商/代理商/经纪人→零售商→消费者。

生产者→批发商/代理商/经纪人→批发商→用户。

（3）农产品间接销售三级渠道模式。

生产者→批发商/代理商/经纪人→批发商→零售商→消费者。

> **实用链接**
>
> 中间商的种类
>
> 1. 按是否拥有商品的所有划分
>
> （1）代理商、经纪人。代理商是指接受生产者委托，从事商品销售业务，但不拥有商品所有权的中间商。他们只按代销额提取一定比率报酬，不承担市场风险。
>
> 经纪人与代理商类似，自身并不拥有商品和货币，只为买卖双方牵线搭桥并协助他们进行谈判，在促成交易后，由委托方付给佣金。
>
> （2）经销商。经销商是从事商品流通业务，并拥有商品所有权的中间商，包括享有所有权的批发商和零售商。在买卖过程中，他们要承担经营风险。
>
> 2. 按在流通过程中的作用不同划分
>
> （1）批发商。批发商是指主要从事批发业务，将商品批量销售给转卖者或者生产者的中间商。按经营业务内容分为专业批发商、综合批发商；按经营地区分为生产地批发商、销售地批发商。
>
> （2）零售商。零售商是指将商品直接销售给最终消费者，以经营零售业务为主要收入来源的中间商。具体有以下几种：①有店铺零售商，包括百货商店、超级市场、便利店、专营店、折扣店、专卖店、购物中心等。②无店铺零售商，主要包括上门推销、电话订购、邮购公司、自动售货机、网上商店等。

2. 农产品间接销售的优缺点

农产品间接销售，生产者与消费者之间有若干中间商的介入，它的优缺点与直接销售相反。渠道越长，越能有效地覆盖市场，扩大产品的销售范围，市场风险越小。但渠道越长，环节越多，商品价格会越高，不利于市场竞争，同时与消费者沟通信息也越成问题。

3. 选用农产品间接销售的条件

当不适宜采用农产品直销的条件下，可选用农产品间接销售。农产品间接销售渠道长短的选择，关键是要适合产品自身的特点，权衡利弊，宜长则长，宜短则短。短渠道一般适宜鲜活商品，如蔬菜、鱼虾、糕点等。长渠道一般适宜产量大、需扩大市场销售范围的商品，如粮食类。

农产品间接销售的方式主要有零售商销售、批发商销售、代理商销售与经纪人销售。下面着重介绍农产品经纪人销售和零售商销售中的新形式农超对接。

8.2.2 认知农产品经纪人

1. 认知农产品经纪人的概念

农产品经纪人是指从事农产品收购、储运、销售以及销售代理、信息传递、服务等中介活动而获取佣金或利润的组织或个人。

经纪人活动的目的是为了得到佣金。简单地说，佣金就是跑腿费、服务费，是因为经纪人为买卖双方提供了交易信息、人员服务、交易场所、仓库、保管、运输等而收取的服务费。对农产品经纪人来说，除了通过中介服务，获取佣金外，还通过自营农产品，赚取购销差价。农产品经纪人的种类见表8-5。

表8-5 农产品经纪人的种类

分类标准	类 型	内 容
按经纪业务划分	销售型经纪人	从事农产品的购销活动，把农民生产的产品收过来再卖出去，把农民需要的生产资料买回来再卖给农民，为当地农产品找市场，实现产销衔接，解决农产品的买难、卖难问题
	科技型经纪人	利用自己掌握的农业科技知识和技能，为农民服务，帮助农民引进并推广农业新品种、新技术，经纪人在为农民服务中获得收入
	信息型经纪人	主要为农户提供农产品科技、市场行情、种植、养殖、加工以及政策等多方面的信息，使农民的产品找到好的销路、卖出好的价格，从中获得一定的信息服务费
	复合型经纪人	既从事农业生产，又搞信息、技术服务，还从事农产品的购销业务。这一类经纪人综合实力较强
按组织形式划分	个体经纪人	经纪人利用自己掌握的知识和信息，奔波于交易双方，撮合成交后，从中获得定的收益
	合伙经纪人	以一个经纪人带头，其他经纪人分工协作，撮合交易或组织收购，从中获得定的经济收益
	经纪人协会	有一定的规章制度，有理事会等组织机构，抵御市场风险的能力比较强，组织交易的农产品规模和金额较大
	专业合作经济组织	除具有经纪人协会的功能外，还组织会员进行生产、培训会员，使其掌相应的生产知识，通过促进产品流通使会员增收
	经纪人公司	经纪人发展的高级模式，需要经纪人具有比较高的素质和管理水平

续表

分类标准	类型	内容
按经营性质划分	专业经纪人	不从事农产品的生产，专门做农产品销售的人
	兼职经纪人	在特殊的时间段，特别是在农产品收获的季节里，从事农产品经纪活动的人。既从事农产品生产活动，又从事农产品销售活动

2. 农产品经纪人的主要经纪活动

（1）居间活动。其指经纪人为交易双方提供市场信息、提供交易条件以及媒介联系，撮合双方交易成功的商业行为。

案例：山西省某村的老李从网上了解到北京有一家酱菜公司需要大量白萝卜，老李的村子今年刚刚收获了很多白萝卜，乡亲们正愁卖不出去，于是老李就联系上这家酱菜公司。酱菜公司决定利用老李的庭院收购白萝卜，老李为酱菜公司提供了市场信息，提供了交易场所，作为交易双方的撮合人，老李要收取中介服务的佣金。此时，老李的行为即为居间活动。

（2）行纪活动。其指经纪人根据委托人的委托，以自己的名义与第三方进行交易，并由经纪人承担规定的法律责任的商业行为。

案例：在上述案例中，若老李联系上这家酱菜公司后，该酱菜公司不亲自去收购白萝卜，而是委托老李按照公司规定的价格和质量要求收购一定数量的白萝卜，完成任务后付给老李一定的佣金。这种情况下，老李以自己的名义收购白萝卜，在收购过程中出现的所有问题，老李要负责处理和解决。此时，老李的行为即为行纪活动。

（3）代理活动。其指经纪人在委托权限内，以委托人名义与第三方进行交易，并由委托人直接承担相应的法律责任的商业行为。

案例：在上述案例中，老李联系上这家酱菜公司后，该酱菜公司委托老李按照规定的价格和质量要求收购一定数量的白萝卜，完成任务后付给老李一定的佣金。这次，老李不是以自己的名义而是以该酱菜公司的名义收购白萝卜，在收购过程中出现的所有问题，老李不承担责任，而是由酱菜公司来承担责任。此时，老李的行为即为代理活动。

（4）自营活动。经纪人不是靠撮合别人的交易和接受别人的委托从中收取佣金，而是自己通过低价买进、高价卖出行为，从中获取差价赚取利润。

案例：老李在知道酱菜公司想要白萝卜的价格、数量、品质以后，以自己认为合适的价格，自己出钱从乡亲们手里收购白萝卜，然后卖给酱菜公司，从买和卖中间赚取价格差。老李要承担买和卖中间出现所有问题的全部责任。此时，老李的行为即为自营活动。

8.2.3 认知农超对接

1. 认知农超对接的概念

农超对接是指农户或农产品生产企业和超市签订意向性协议书，由其向超市直供农产品的一种新兴的农产品流通模式,主要是为优质农产品进入超市搭建平台。

2. 农超对接的优点

(1)减少了农产品流通环节,增加了农民收入。农超对接,减少了流通环节,通过直接采购可以降低流通成本20%~30%,给农民增加收入的同时也给消费者带来了实惠,是种"惠农利民"的流通模式。

(2)按需生产,减少盲目性。农超对接便于将销售信息及时准确地反馈到生产环节,使农户及时调整生产规模和产品结构,真正做到市场需要什么,农户就生产什么,避免了生产的盲目性,有效地降低了市场风险。

(3)保障农产品安全。农超对接可使超市获得数量稳定、质量可靠、卫生安全的农产品货源,提高了市场竞争力,促进了农产品的销售。

总之,农超对接稳定了农产品销售渠道,促进了农民增收,消费者能买到安全、新鲜、价格不贵的农产品,超市也提高了盈利水平,是一个农户、消费者、超市三方共赢的流通模式。

3. 农超对接的主要模式

(1)超市+农业合作社+农户。超市向符合要求的农业合作社进行采购,合作社再组织社员进行生产。

(2)超市+农业龙头企业+农户。超市通过农业产业化龙头企业为中介同农民合作2,为合作对象提供专业的农产品种植养殖技术或资金,建立食品安全监督体系等,使其产品达到农产品安全标准。

(3)超市+供销社+合作社+农户。超市不直接和合作社进行对接,而是通过当地的供销社与合作社、农户进行对接。供销社帮助合作社建立标准化的生产基地,合作社再组织农户进行生产。

(4)超市+合作农场。超市入股农业生产企业,合作开发自有农场。农民把土地租借给企业,或者以土地入股,由企业直接投资设立农产品生产基地,聘请当地的农民为员工进行农业生产。农民只需提供劳务即可。

(5)超市+大户+小户。超市与农业生产大户对接,大户负责对小户农产品的集中储运,协调小户农产品种类的选择,上门进行技术指导。

任务3 农产品网络营销

8.3.1 认知农产品网络营销

1. 认知农产品网络营销的概念

农产品网络营销又称为"鼠标+大白菜"式营销,是产品营销的新模式,主要是利用互联网开展农产品的营销活动,包括网上农产品市场调查、信息发布、促销、交易洽谈和付款结算等活动。

2. 农产品网络营销的内容

（1）网上调研。通过在线调查表或者电子邮件等方式，可以完成网上市场调研，相对传统市场调研，网上调研具有高效率、低成本的特点。

（2）品牌推广。网络品牌建设以自身网站建设为基础，通过系列推广措施，达到顾客和公众对自身品牌的认知和认可。

（3）网址推广。网站所有功能的发挥都要以一定的访问量为基础，所以，网址推广是网络营销的核心工作。

（4）信息发布。通过网站发布信息是网络营销的主要内容之一，无论哪种网络营销方式，结果都是将一定的信息传递给目标人群，包括顾客/潜在顾客、合作伙伴、竞争者等。

（5）销售促进。大部分网络营销方法都与直接或间接促进销售有关，但促进销售并不限于促进网上销售。事实上，网络营销在很多情况下对于促进网下销售十分有效。

（6）网上销售。建立自己的网站，利用自身网站实现销售的全部流程，或利用第三方电子商务平台开设网上商店，以及与电子商务网站不同形式的合作,实现农产品的销售。

（7）客户服务。从形式最简单的常见问题解答，到邮件列表以及聊天室等各种即时信息服务，互联网提供了更加方便的在线客户服务手段。

（8）客户关系通过网站的交互性。客户参与等方式，在开展客户服务的同时，也增进了同客户的关系。

3. 农产品网络营销的条件

（1）网络营销的外部条件。它包括网络营销基础平台以及相关的法律环境、政策环境、必要的互联网信息资源、农产品品质分级标准化、包装规格化及产品编码化程度等。

（2）网络营销的内部条件。

1）农产品特性。网络营销适用于特色农产品、出口农产品、不容易寻找消费者的农产品等。

2）财务状况。农户和农业企业应根据自身的财务状况，制定适合自身的网络营销策略。在开展农产品网络营销之前，需要对支出进行统筹规划。

3）人力资源。网络营销人员既要有营销方面的知识，又要有一定的互联网技术基础。要根据人才的状况确定网络营销的应用层次。

8.3.2 无站点农产品网络营销

网络营销根据有无自己的网站可以分为两类：无站点网络营销和基于网站的网络营销。

无站点网络营销是指农业企业或农户不建立自己的网站，而是利用互联网上的资源

（如电子邮件、QQ等），借助通用的或专业的电子商务平台，如淘宝、阿里巴巴、中国农业信息网等，开展网络营销活动。

无站点网络营销主要开展农产品网上调查、信息发布和在线销售。对于缺少资金实力和互联网技术人才的农户和农业小企业来说，只要拥有上网的条件，学会一般上网的方法就可以。

 实用链接

常用的农业信息网站

- 中国农业信息网
- 中农网
- 新农网
- 新农村商网
- 农博网
- 金农网

可通过登录以上农业网站或各省市的农业信息网以及其他相关农产品交易网站，来获得农产品价格信息、农产品需求信息等。

无站点农产品网络营销的步骤。

1. 网上市场调查

在农产品营销过程中，了解农产品的价格、需求等市场信息是非常重要的环节。在传统的方式下，了解市场信息工作量大、时间长，而利用互联网进行农产品市场调查，不受时间、地域的限制，具有方便、及时、费用低的优点。

农产品信息收集的内容主要包括所选农产品市场行业最新动态、竞争对手状况、消费者需求情况、价格行情等。网上市场调查的步骤如图8-2所示

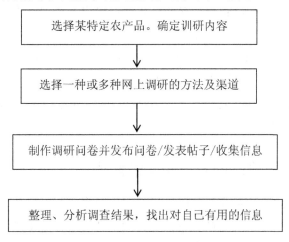

图8-2 网上市场调查的步骤

2. 网上信息发布

农户与农产品企业可以借助各种网络资源发布农产品信息和企业信息，达到宣传和促销的目的。

农产品信息发布平台有以下几种：

（1）供求信息平台。各农业信息网站或知名综合网站(如阿里巴巴)的供求信息平台是目前应用最为普遍和有效的网络推广方式之一。其服务分为收费和免费两类。有许多网站免费为农户和农业企业发布供求信息提供平台。行业专业信息网有时需要缴纳一定的费用，只要可以带来潜在的收益，这些投入是值得的。

（2）企业黄页或企业大全。即企业名录和简介，通常具有一个网页，企业用来发布基本信息。如新浪企业黄页，网络114企业黄页、3721 企业名片服务等。

（3）网络分类广告。网络分类广告是网络广告中比较常见的形式，分类广告具有形式简单、费用低廉、发布快捷、信息集中、便于查询等优点。分类广告有两大类：专业的分类广告网站和综合性网站开设的频道或栏目，如搜狐分类信息等。

（4）网络社区。网络社区包括网上论坛(BBS)、相关网站社区论坛、讨论组、聊天室、博客等形式的网上交流空间。因同主题集中了具有共同兴趣、爱好的访问者，有众多人的参与，不仅具备了交流的功能，实际上也成为一种营销场所和工具，如阿里巴农业论坛、新浪论坛、搜狐社区、西祠胡同等。

（5）电子邮件。在用户事先许可的前提下，通过电子邮件的方式向目标用户传递有价值的农产品信息和企业信息。基于用户许可的电子邮件与滥发邮件不同，它可以减少广告对用户的干扰，增强与客户的关系，促使潜在顾客成为现实客户等。

（6）常用网络沟通工具。它包括QQ、微博、微信等，可在新浪、网易等注册微博，在腾讯注册QQ、微信，利用这些便捷的沟通工具，将企业、农产品信息迅速传递给用户，跟客户进行交流和互动，实现农产品的销售。

3. 网上销售

无论是否拥有企业网站，农户和农产品企业都可以利用第三方平台开展网上销售工作，让互联网真正成为新型的农产品销售渠道。

农产品网上销售方式有：网上商店是建立在第三方提供的电子商务平台上，由农户或农产品企业自行开展网络销售的经营形式，如同在大型商场中租用场地开设专卖店一样。大多数门户网站和专业电子商务公司都提供网上商店平台服务，如淘宝网、易趣网、拍拍网、阿里巴巴以及搜狐商城等。

8.3.3 基于自己网站的农产品网络营销

有一定资金实力的农业企业、农民合作组织以及乡镇村社区组织可以根据需要建立自己的网站，进行农产品网络营销。它包括：网上调查、品牌形象宣传、产品展示、信息发布、客户服务、客户关系维护以及网上销售等。

农产品网络营销网站的形式有以下几种：

（1）信息发布型网站。信息发布型网站属于初级形态的网站，它不需要太复杂的技术，主要功能定位于企业信息发布，包括企业新闻、农产品信息、采购信息等，用户、销售商和供应商所关心的内容，多用于品牌的宣传推广以及交流沟通等，网站本身并不具备完善的网上订单跟踪处理功能。

（2）网上销售型网站。在发布企业信息的基础上，增加网上接受订单和支付的功能，就具备了网上销售的条件。为了最大限度地满足客户需求，必须制定物流程序，做好产品包装、运输等，要给客户一个明确的承诺，要讲信誉。

（3）电子商务综合网站。电子商务综合网站属于高级形态的企业网站，它不只局限于企业信息发布和在线销售，而是集成了包括生产过程在内的整个企业流程——一体化的信息处理系统。这种类型的网站，在农业行业还很少有应用。

8.3.4 农产品网络营销的新模式

1. 农产品+可视农业

"可视农业"主要是指依靠互联网、物联网、云计算、雷达技术以及现代视频技术将农作物或牲畜生长过程的模式、手段和方法呈现在公众面前，让消费者放心购买优质产品的一种模式。"可视农业"还有一大功能，就是可靠的期货订单，众多的"可视农业"消费者或投资者，通过利用网络平台进行远程观察并下达订单，他们在任何地方通过可视平台都能观察到自己订的蔬菜、水果和猪牛羊等畜产的生产、管理全过程。

2. 农产品+微商

农产品+微商就是农特微商。通过微信朋友圈发布自家的农产品信息，该信息包含：种植、成长、采摘等信息。把农产品的生长情况拍成图片发布到微信里，让用户第一时间了解农产品的情况。

农产品+微商需要解决的问题：

1）品牌打造。要打造一个人格化的品牌，通过品牌来溢价。

2）供应链打造。配送与物流、冷链。这是农特微商的重点。

3）展示真实的自己。微信朋友圈卖的不是产品是人，是用户的喜欢与认可。

3. 农产品+电商

农产品+电商就是电商、互联网平台对农产品进行展示及推广，让更多人了解、知晓，并方便用户在线下单及购买。

农产品+电商要解决的问题：

1）农产品本身不是礼品。把农产品做成礼品或干货的确是一条路子。

3）品牌改造的问题。借助电商对农产品的重新定位，打造符合新时代消费者需要的工业品。

4. 农产品+餐饮

把餐饮店、餐饮体验当作渠道或者平台，之后把农产品的体验、农产品消费、农产品互动嫁接在餐饮店里，从而破解农产品销售与推广的困局。

农产品+餐饮需要解决的问题：

◇ 要不要自己做餐饮体验店。

◇ 农产品的优、特上下功夫。

◇ 吃、玩、学如何平衡。

5. 农产品+网红直播+电商平台

互联网催生了网红经济。网红可以是名人明星，可以是当红网络主播，也可以是卖家自己打造的"村红"。

通过网红直播+电商平台进行农产品营销的步骤：

◇ 策划营销活动，并邀请网红参加。

◇ 需要网红在线直播自己对农产品的体验感觉，农产品是什么样的，什么味道的，自己觉得如何。

◇ 在电商平台，如淘宝、京东，同步开始产品销售。

6. 农产品+众筹

通过众筹平台来卖农产品，可以解决农产品的滞销及农产品传播等问题。

案例：陕西大×记农业科技有限责任公司旗下以众筹的模式快速将秦岭×号土鸡蛋产品推到餐桌，利用"互联网+农产品"的方式，让原生态、无农药、无添加、无激素、无抗生素的"一原四无"产品走出秦岭腹地，走到一线城市和南方的中高端人群。秦岭×号土鸡蛋产品众筹项目在众筹平台线才5天，就得到了约350人支持，筹到金额近3万元。

7. 农产品+社群

社群是有相同标签、相同兴趣、相同爱好、相同需求属性的人自发或者有组织的群体组织。在农产品方面比如：樱桃爱好者、素食爱好者、减肥爱好者、苹果爱好者等等对某一款农产品或者具有相同属性的人对农产品的相同需求的人组成的群体，他们会对农产品的需求相同，还会拉更多的客户进来消费。

8. 农产品+互联网+认养农业

认养农业就是发起众人合伙认养一头或颗、亩农产品(植物、动物)，根据需要认购的数量或部位，一起享受认养的乐趣，共同获得优质产品。

农产品+互联网+认养模式需要解决的问题：

◇ 牵头人要为认养成员做好服务与监督。

◇ 确保透明。认养情况一定要透明，并且要让大家相互知晓，不能存在欺诈。

9. 农产品F2C模式

F2C指的是Factory to customer，即从厂商直接到消费者个人的电子商务模式。农业领域的F2C：F2C即Farm To Customer，线上多渠道模式，对于多品牌农业基地的产品，可以借助淘宝等电商平台，实现农场与家庭的对接，采用预售和订购的模式来销售农产品。

项目案例分析

系统化销售网络，让扶贫产品"更快"变现

让深度贫困地区的扶贫产品尽快从田野走上餐桌，畅通的销售网络显得尤为重要。四川省农产品经营集团全力完善全省扶贫产品的销售体系，畅通销售渠道。

线上，在"供销e家""供销e通""供销e批"电商服务体系基础上，打造了以扶贫产品销售为主的四川扶贫产品直采直销平台"四川扶贫背篓"和"云背篓"小程序，并利用京东、天猫、苏宁易购、拼多多等成熟电商平台导流，积极开展农产品线上销售网络建设，构建农产品上行体系。

线下，创新扶贫产品零售网点，依托其自有的"老邻居"连锁超市在四川的1 100多个网点，积极开展扶贫产品进机关、进酒店、进景区、进加油站、进小区活动，通过"扶贫小超"无人售货超市，形成扶贫产品与市场对接常态化机制，实现线上销售渠道与线下零售网点的深度融合。

截至2018年8月，平台已汇聚了全省21个地市州，88个贫困县的优质农产品共计8大类、2 000多个SKU（单品），并已全部在集团供销服务体系中进行线上线下销售。

辩证性思考

谈谈你对农产品多渠道分销的看法？

（资料来源：四川省人民政府网站，2018.10.26）

项目检测

营销知识目标检测

1．农产品直销的方式有哪些？
2．农产品间接销售的方式有哪些？
3．选择农产品网络营销的条件有哪些？
4．农产品网络营销有哪些创新方向？

营销能力目标检测

检测项目：选择一家农产品生产企业，对该企业进行农产品分销策略分析与运用。

检测目的：通过检测，进一步熟悉、掌握农产品分销策略的方法，能够进行农产品直销、间接销售和网络营销分析与运用。

检测要求：由班级学习委员组织全员分团队对农产品直销、间接销售和网络营销进行分析、讨论、交流，教师进行评价。

项目9 农产品促销策略

项目目标

营销知识目标

理解农产品促销的概念;掌握人员推销、广告促销、营业推广促销和公共关系促销的基本方式;掌握农产品网络促销的方式。

营销能力目标

能够运用农产品促销策略的方法,进行农产品促销策略分析。

项目导入案例

农产品借力电商,宝鼎粮油尝到了甜头

2018年的"双十一",安徽临泉宝鼎粮油有限责任公司第一次参与"全民购物狂欢节","双十一"当天卖了一百多份芝麻油、芝麻酱,相当于平时线下一周的销量。加入电商之前,宝鼎粮油主要是通过线下进商超的形式进行销售。进商超不但费用高,并且宣传、促销等环节也都需要费用。如今通过线上打响品牌,提升销售额,还进一步带动了线下产业效益。目前,临泉商务局组织了专业营销团队,为农产品、民俗产品、乡村旅游等农村特色产品的网络销售提供品牌注册、品牌培育、品牌推广、产品包装设计、网络营销策划、网站托管等服务,为县域电商企业和创业者提供网店开设、网店运营、营销策划、市场调研、渠道拓展等服务。

辩证性思考:除了借力电商,农产品企业还可以通过哪些方式促进农产品的销售?

(资料来源:快资讯https://sh.qihoo.com/)

任务1 农产品传统促销方式

9.1.1 认知农产品促销

1. 认知农产品促销的概念

促销是促进产品销售的简称。农产品促销就是通过人员和非人员的方式,将其农

产品及相关的有说服力的信息告知农产品消费者，引发、刺激农产品消费者的欲望和兴趣，以达到影响目标消费群购买决策行为，促进农产品销售的市场营销活动。

2. 农产品促销组合的方式

促销组合又称市场营销传播组合，包括人员促销和非人员促销两大类。人员促销又称人员推销，是运用推销人员向农产品消费者推销商品和或劳务的一种促销活动。非人员促销，是指通过一定的媒体传递产品或劳务的有关信息，促使农产品消费者产生购买欲望、发生购买行为的一系列促销活动，包括人员推销、广告、营业推广、公共关系。各类促销方式的优缺点比较，见表9-1。

表9-1 各种促销方式优缺点比较

促销方式	优 点	缺 点
人员推销	推销方法灵活，能随机应变；易于激发购买兴趣，促成即时交易；信息反馈及时	接触面窄；费用较高
广告	触及面广，形象生动，多次运用	说服力较小，难以促成即时购买
营业推广	吸引力大，促成消费者即时购买	过多使用，有损品牌形象，还可能引起消费者的反感
公共关系	影响面大，容易得到消费者的信任和欢迎	应长期坚持，方能取得效果

3. 澄清促销误区

（1）过度依赖促销。只把促销看成是取悦消费者的手段，不断通过打折、降价、赠送等促销手段，刺激消费者购买，谈不上品牌忠诚，以促销支持销售，一旦促销停止，销售马上回落，对促销的依赖性极强。

（2）随意促销。天天想着各种各样的促销，打击对手，讨好消费者。尤其是面对销售压力时，就更渴望通过促销的形式来解决问题。随意促销的最大问题是对促销往往缺少整体规划，想怎么做就怎么做，具有很大的随意性，很难产生整体效益。

（3）盲目攀比。你5折我就4折，你4折我就3折，你现场展示我就搭台唱戏，这是典型的促销攀比。尤其是竞争品牌促销收效不错时，往往在攀比心的驱使及经销商的压力之下，盲目出手，推出比竞争品牌更优惠的促销措施，结果大都是竞争品牌拣到了西瓜，自己只拣到了芝麻，而为此所付出的精力与成本，却无法从促销活动中得到回报。

（4）随大流。做促销的最初动因只是因为大家都在做，没有自己的促销计划与促销目标，更没有针对竞争品牌的促销战术，这是典型的随大流。随大流的结果往往陷入促销同质化的局面，由于大家都在做，消费者也司空见惯，故而很难达到理想的效果。

（5）惊世骇俗。促销形式必需求异求怪，誓要与众不同，大有促销不惊人死也不罢休之势。最大问题是往往因为过于在意促销的轰动效应或与众不同，忽视了促销的本来目的，甚至匪夷所思，使消费者陷入云里雾里。

（6）缺乏计划。想怎么促销就怎么促销，想什么时候促销就什么时候促销，毫无计划可言，东一下，西一下，没有计划性与系统性，只打"散弹"，这是典型的随意促销。这种促销主观感性意识色彩很浓，竞争意识差，更谈不上促销战略与战术的组合运作了，"宣传单满天飞、赠品当街派"，非常随意，没有新意，要么就是忽然想起了一个好主意，兴奋不已，马上来试，结果也往往因为随意性太强，以失败告终。

9.1.2 人员推销

1. 认知人员推销的概念

人员推销是指推销人员直接向农产品消费者推销产品和服务的一种促销活动。在人员推销活动中，推销人员、推销对象和推销产品是三个基本要素。其中前两者是推销活动的主体，后者是推销活动的客体。通过推销人员与推销对象之间的接触、洽谈，将农产品推销给推销对象，从而达成交易，实现既销售产品又满足消费者需求的目的。

2. 推销人员的角色定位

推销员是企业形象代表，是热心服务者，是信息情报员，是"客户经理"，是实现企业与消费者双向沟通的桥梁和媒介之一，是企业里最重要、最宝贵的财富之一，是企业生存和发展的支柱。

3. 人员推销的基本形式

人员推销的基本形式，见表9-2。

表9-2 人员推销的基本形式

推销形式	注意事项
上门推销的形式	上门推销是最常见的人员推销形式。它是由推销人员携带产品样品、说明书和订单等走访消费者，推销产品。这种推销形式可以针对消费者的需要提供有效的服务，方便顾客，故为消费者广泛认可和接受
门店推销的形式	农产品企业在适当地点设置固定门店，由营业员接待进入门店的消费者，推销产品。门店推销与上门推销正好相反，它是等客上门式的推销方式。由于门店里的产品种类齐全，能满足消费者多方面的购买要求，为消费者提供较多的购买方便，并且可以保证产品完好无损，故消费者比较乐于接受这种方式
会议推销的形式	会议推销是指利用各种会议向与会人员宣传和介绍产品，开展推销活动，如在订货会、交易会、展览会、物资交流会、团购会、产品体验会等会议上推销产品。这种推销形式接触面广、推销集中，可以同时向多个推销对象推销产品，成交额较大，推销效果较好

4. 人员推销的操作程序

（1）寻找农产品消费者。推销人员制定推销计划后，首要的工作就是寻找潜在的目标消费者，因为只有确定了推销对象，推销工作才能真正开始展开。推销人员寻找潜在的消费者，可以从多个途径去寻找，见表9-3。

表9-3 推销人员寻找消费者的途径

寻找途径	举 例
企业外部	从现实的农产品消费者那里得到其他潜在类似消费者的信息、通过亲朋好友得到相关潜在消费者的信息、通过无竞争关系的其他销售人员得到相关信息等
企业内部	从企业的资料库、网站等方面得到相关信息,或者通过会议的电话、邮件等得到相关信息等
亲自寻找	通过分析产品的目标消费者的特点,进行深入探访以得到潜在消费者的信息。为避免盲目性,应事先确定一个可能的目标范围
其他方面	通过网络、电话、微信、微博、展会、销售讨论会等途径得到潜在消费者的信息

（2）评估农产品消费者。找到潜在消费者,还要对其进行评估,看其是否具有购买的意愿及能力,把时间优先放在最具潜力的消费者身上,以达到最高的产出效果。一般来说,只有那些对产品有真实需求、有足额的货币支付能力、有购买决策权的准消费者,才是合格的消费者,才是推销人员应重点推销的对象。推销人员对消费者的评估主要包括以下内容,见表9-4。

表9-4 推销人员评估消费者的内容

项 目	内 容
购买需求的审查	需求审查是农产品消费者购买资格的核心内容,它决定了整个推销活动的成败。购买需求的审查包括对消费者有现实的需求、消费者确实没有需求、消费者表示出虚假的没有需求的审查
支付能力的审查	在完成了对农产品消费者需求的审查之后,推销人员就要审查消费者的支付能力。这项工作是在推销人员寻找消费者、与消费者洽谈时同步进行的。支付能力的审查包括针对终端消费者支付能力的审查、针对企业支付能力的审查、针对中间商支付能力的审查
购买决策权的审查	很多情况下,人们虽然对推销人员推销的产品有现实需求,而且也具有相应的货币支付能力,但他们却不能采取购买行动,其中一个重要的原因就是他们没有购买决策权。购买决策权的审查包括终端消费者购买决策权的审查、农产品企业购买决策权的审查、中间商购买决策权的审查

（3）接近农产品消费者。接近农产品消费者是推销人员开始推销洽谈的前奏,也是推销过程的一个重要环节。接近农产品消费者一般包括推销准备、约见与接近3个环节,见表9-5。

表9-5 推销人员接近消费者的环节

环 节	内 容
推销准备	其基本内容包括农产品消费者资料的准备和推销工具的准备。针对不同的农产品消费者,农产品消费者资料的准备可分为约见企业型购买者的准备、中间商型购买者的准备、终端型消费者的准备和熟悉消费者的准备
约见消费者	约见农产品消费者既是接近准备的延续,又是接近过程的开始。约见的基本内容是要确定约见对象、明确约见目的、安排约见时间和选择约见地点。约见消费者的方式有当面约见、信函约见、委托约见、广告约见、网上约见等

续表

环 节	内 容
接近消费者	其主要方法有介绍接近法、产品接近法、利益接近法、好奇接近法、问题接近法、赞美接近法、调查接近法和求教接近法等

（4）推销洽谈。推销洽谈是整个推销过程中的一个关键性环节。能否说服农产品消费者，进一步激发农产品消费者的购买欲望，最后达成交易，关键在于推销洽谈是否成功。推销洽谈的内容、步骤、方法，见表9-6。

表9-6 推销洽谈的内容、步骤、方法

项 目	内 容
推销洽谈的内容	推销洽谈涉及的面很广，内容也非常丰富。不同产品的推销有不同的洽谈内容，但基本内容主要有产品品质、产品数量、产品价格、销售服务、消费者获得利益和保证条款
推销洽谈的步骤	正式的推销洽谈，买卖双方一般在事前已通过不同渠道有所接触，双方均有交易的动机和意愿，在经过一定的准备之后双方在约定的时间、地点进行正式洽谈。一般来说，正式洽谈活动从开始到结束，可以划分为制定洽谈方案、洽谈导入和正式洽谈几个步骤
推销洽谈的方法	推销洽谈要想成功进行，推销人员必须熟练掌握并灵活运用推销洽谈的提示法、演示法和介绍法，同时还要注意运用推销洽谈的倾听技巧、语言技巧和策略技巧

（5）推销成交。对于推销人员来说，无论推销过程多么艰辛或多么完美，如果最后没有拿到订单，其结果都是失败。对于农产品企业来说，只有不断地成交，才能促进资金回笼，才能赚取利润，赢得农产品企业的良性发展。

◇ 要善于识别农产品消费者发出的购买信号，把握住有利时机，采取合适的促成交易的方法，达到成交的目的。

◇ 常用的成交方法有请求成交法、假定成交法、优惠成交法、保证成交法、选择成交法、从众成交法、小点成交法、异议成交法、试用成交法、最后机会成交法和激将成交法。

（6）售后服务。产品售出后，要及时了解农产品消费者的满意程度，及时处理农产品消费者的意见，消除他们的不满，提高农产品消费者满意程度。良好的售后服务可以培养消费者对产品的忠诚程度，增加产品再销售的可能性。推销人员也可通过售后的综合分析，对重点消费者进行重点管理，进一步强化再销售的可能性。

9.1.3 广告促销

1. 认知农产品广告促销的概念

广告作为一种传递信息的活动，它是农产品企业在促销中应用最广的促销方式。

它以促进销售为目的,是需要付出一定的费用,通过特定的媒体传播农产品或劳务等有关经济信息的大众传播活动。广告策略是企业实现、实施广告战略的各种具体手段与方法,是战略的细分与措施。广告策略既要告知农产品消费者购买产品所能得到的好处,又要给予农产品消费者更多的附加利益,以激发农产品消费者对产品的兴趣,在短时间内收到即效性广告的效果,从而推动产品销售。

2. 农产品广告定位

农产品广告定位是指在与所宣传产品相类似的众多农产品中,寻找到该农产品有竞争力的特点和独特个性,在农产品消费者心中树立该商品的一定地位。农产品广告定位的方式有以下几种,见表9-7。

表9-7 农产品广告定位的方式

方式	内容
确定对象	确定广告对象和宣传概念,强调商品特点,以及信息传递方法、技巧和具体步骤等
明确广告区域和宣传力度	指在一个特定时期内对特定受众所要达到的宣传效果。广告目标可分为3种类型:通知型、说服型、提醒型。通知型广告主要用于某种新产品的入市前期,目的在于强化品牌形象、推出新产品;说服型广告的目的是培养消费者对某种品牌的需求,说服消费者在同类商品中选择它;提醒型广告对产品进入旺销期后十分重要,目的是引起消费者对该种商品的记忆和连续购买
选择广告媒体组合	根据农产品和媒体的特性选择投入费用小而宣传效果好的媒体组合

3. 农产品广告促销设计的操作程序

农产品广告促销设计的操作程序,见表9-8。

表9-8 农产品广告促销设计的操作程序

操作程序	内容
确定广告目标	广告目标是指农产品企业通过广告活动要达到的目的。其实质就是要在特定的时间对特定的受众完成特定内容的信息沟通任务。广告目标是广告方案设计的出发点,为整个广告营销活动指明了方向,它应从属于营销目标
确定广告预算	在广告预算设计中,农产品企业要充分认识广告支出与广告收益的关系。广告宣传的目的就是为了吸引消费者,扩大产品的销售,提高农产品企业的经济效益。因此农产品企业在选择广告形式时必须注意广告宣传所取得的经济效益要大于广告费用的支出
确定广告信息	这是指根据促销活动所确定的广告目标来设计广告的具体内容。产品设计要注重广告效果,只有高质量的广告,才能对促销起到宣传、激励的作用。高质量广告应该体现合法性、真实性、针对性、简明性、艺术性和统一性
选择广告媒体	不同的广告媒体有不同的特征,这决定了农产品企业广告必须对广告媒体进行正确的选择,否则将影响广告效果。正确地选择广告媒体,一般要考虑产品特征、农产品消费者接触媒体的习惯、广告的内容等

续表

操作程序	内　容
评估广告效果	进行评估的目的在于提高广告的经济效益。要准确地评估广告效果绝非易事，但并不意味着不能评估。企业可以采用"预审法"检查广告是否将信息正确、有效地传递给目标受众。此方法是在广告公布于众之前对其效果进行评估。广告投放市场以后，可用回忆测定法、认知测定法、实验室测定等进行评估。此外，也可用销售量的变化来测定广告效果，但其结果往往因其他因素及广告滞后作用的影响而不大准确

4. 农产品广告促销策略

农产品广告促销的主要策略，见表9-9。

表9-9　农产品广告促销策略

类　型	举　例
馈赠型广告促销策略	如赠券广告、赠品广告、免费试用广告等
直接型广告促销策略	如上门促销广告、邮递促销广告、派发促销广告等
示范型广告促销策略	如名人示范广告、现场表演示范广告等
集中型广告促销策略	如利用大型庆典活动、赞助公益事业、展销会、订货会、文娱活动等人群集中的场合进行广告宣传。其广告形式多种多样

9.1.4　营业推广

1. 认知农产品营业推广

营业推广又称销售促进，是指在特定的目标市场中，为迅速刺激需求和鼓励购买而采取的各种短期性促销方式的统称。它与广告、公关、人员推销不同，后三者一般是常规的、连续的，营业推广则是非常规性的，是一种辅助促销手段。营业推广的着眼点在于解决某些更为具体的促销问题，因而是非规则性、非周期性地使用和出现的。营业推广最适用于完成短期的具体目标。

2. 农产品营业推广促销的操作程序

（1）确定营业推广的目标。营业推广的目标由营销目标确定的，一般有三个方面的目标，见表9-10。

表9-10　营业推广的目标

类　型	举　例
以刺激农产品消费者购买为目标	如鼓励现有产品使用者增加使用量、吸引未使用者使用、争取其他品牌的使用者等
以鼓励中间商购买为目标	如鼓励中间商增加库存、打击竞争对手、增强中间商的品牌忠诚度、开辟新销售渠道等
以激发推销人员的销售努力为目标	如鼓励推销人员努力推销产品，刺激其去寻找更多的潜在消费者，努力提高业绩

（2）选择营业推广的工具。营业推广的工具是多种多样的，各有其特点和使用范围。在选择营业推广的工具时，要考虑市场的类型、促销目标、竞争条件和促销预算分配，以及每种推广工具的预算。此外，同一推广目标可以采用多种推广工具来实现，这就需要有一个营业推广工具的比较选择和优化组合问题，目的是为了实现最优的推广效益。

1）运用面向农产品消费者的促销工具。面向农产品消费者的促销工具，见表9-11。

表9-11 主要面向农产品消费者的促销工具

工具类型	工具运用
样品	样品是指免费提供给消费者供其使用的产品。样品可以挨家挨户地送上门，邮寄发送，在商店内提供，附在其他产品上赠送，或作为广告品。赠送样品是最有效也是最昂贵的介绍新产品的方式
优惠券	证明持有者在购买某特定产品时可凭此优惠券按规定少付若干钱。优惠券可以邮寄、包进其他产品或附在其他产品上，也可以刊登在杂志和报纸上。其回收率随分送的方式不同而不同。优惠券可以有效地刺激成熟期产品的销售，诱导对新产品的早期使用。专家认为，优惠券必须提供15%~20%的价格减让才有效果
现金折扣	折扣是在购物完毕后提供减价，而不是在零售店购买之时。消费者在购物后将一张指定的"购物证明"寄给制造商，制造商用邮寄的方式"退还"部分购物款项
特价包	以低于正常价格向消费者提供一组商品的促销方法，其做法是在商品包装上或标签上加以附加标明。可以采取减价包的形式，即将商品单独包装起来减价销售（如原来买一件商品的钱现在可以买两件），或者可以采取组合包的形式，即两件相关的产品并在一起（如核桃和夹核桃器）。特价包在刺激短期销售方面甚至比折价券更有效
赠品（礼品）	比较低的代价或免费向农产品消费者提供赠品，以刺激其购买某一特定产品。一种是附包装赠品，即将赠品附在产品内（包装内附赠品）或附在包装上面（包装上附赠品）；还有一种是免费邮寄赠品，即消费者交上购物证据就可获得一份邮寄赠品；另一种是自我清偿性赠品，即以低于一般零售价的价格向需要此种商品的消费者出售的商品。目前，农产品企业给予消费者品目繁多的赠品，这些赠品上都印有公司的名字
奖品（竞赛、抽奖、游戏）	奖品是指农产品消费者在购买某物品后，向他们提供赢得现金、旅游或物品的各种获奖机会。竞赛要求消费者呈上一个参赛项目，然后由一个评判小组确定哪些人被选为最佳参赛者。抽奖则要求消费者将写有其名字的纸条放入一个抽签箱中抽签。游戏则在消费者每次购买商品时送给他们某样东西，如纸牌号码、字母填空等，这些有可能中奖，也可能一无所获。所有这些都将比优惠券或者几件小礼品赢得更多的注意
光顾奖	指以现金或其他形式按比例地用来奖励某一个消费者或消费集团的光顾。购买积分卡也是一种光顾奖励
免费试用	对于潜在农产品消费者免费试用产品，以期他们购买此产品
联合促销（捆绑促销）	两个或两个以上的品牌或公司在优惠券、销售折扣和竞赛中进行合作，以扩大它们的影响力。相关企业的推销人员合力把这些联合促销活动介绍给零售商，使其参与这些促销活动，从而增加商品陈列和广告面积，使其商品在销售点能更好地显露出来

续表

工具类型	工具运用
交叉促销	用一种品牌来为另一种非竞争品牌做广告
售点陈列和商品示范（POP）	售点陈列和商品示范出现在购买现场或销售现场，但是许多零售商不喜欢放置来自制造商的数以百计的陈列品、广告牌和广告招贴。对此，制造商要是提供较好的售陈列资料，并将它们与电视或者印刷品宣传结合起来运用，努力建立起一种新方式
会议促销	举办各类展销会、博览会、业务洽谈会，会议期间现场进行相关产品的介绍、推广和销售活动
产品保证	销售者或明或暗地保证产品在一定时期内将达到规定要求，否则销售者将会修理产品或退款给顾客

2）面向中间商的交易促销工具。面向中间商的交易促销工具，见表9-12。

表9-12 主要面向中间商的交易促销工具

工具类型	工具运用
价格折扣（又称发票折扣或价目单折扣）	在某段指定的时期内，每次购货都给予低于价目单定价的直接折扣，这一优待鼓励了经销商去购买一般情况下不愿购买的数量或新产品。中间商可将购货补贴用来作为直接利润、广告费用或零售价减价
补贴或津贴	制造商提供补贴，以此作为零售商同意以某种方式突出宣传制造商产品的报偿。广告补偿用于补偿为制造商的产品做广告宣传的零售商，陈列补贴用以补贴对产品进行特别陈列的零售商
免费商品	农产品企业给购买某种质量特色的、使其产品增添一定风味的或购买达到一定数量的中间商额外赠送几箱产品。他们也可向零售商提供促销资金或免费广告礼品，如免费赠送附有公司名字的特别广告赠品，如铅笔、年历、镇纸、备忘录等
扶持零售商	农产品生产企业对零售商专柜的装潢予以资助，提供POP广告，以强化零售网络，促使销售额增加；可派遣长方信息员或代培销售人员，以此来提高中间商推销本企业产品的积极性和能力。
销售竞赛	根据各个中间商销售本企业产品的业绩，分别给优胜者以不同的奖励，如现金奖、实物奖、免费旅游、度假奖等，以起到激励的作用

3）面向业务和销售队伍的促销工具。主要业务的促销工具，见表9-13。

表9-13 面向业务和销售队伍的促销工具

工具类型	工具运用
贸易展览会和集会	行业协会一般都组织年度商品展览会和集会，向特定行业出售产品和服务的公司在商品展览会上租用一个摊位，陈列和演示它们的产品。业务市场营销者每年将35%的促销预算用于商品展览会。他们要做出一系列的决策，包括参加哪个商品展览会，如何将展台布置得富有吸引力，如何有效地追踪销售线索等

续表

工具类型	工具运用
销售竞赛	销售竞赛是一种包括推销员和经销商参加的竞赛，其目的在于刺激他们在某一段时间内增加销售量。方法是谁成功谁就可以获得奖品。许多公司出资赞助，为其推销员办年度竞赛，或经常性的竞赛。他们用刺激项目来刺激经销商或推销员完成较高的公司指标。优胜者可以获得免费旅游、现金或礼品等。有些公司则给各参赛者打分，可用这些分去换取各种奖品
纪念品广告	纪念品广告是指由推销员向消费者或潜在消费者赠送一些有用的低成本的物品，条件是换取对方的姓名和地址，有时还要送给消费者一条广告信息。常用物品有圆珠笔、日历、打火机和笔记本等。这些物品使潜在消费者记住了公司名字，并由于这些物品的有用性而引起对公司的好感。一个研究报告指出，超过86%的制造商供应给他们的推销员这些特定的物品

9.1.5 公共关系

1. 认知公共关系的概念

公共关系是指某一组织为改善与社会公众的关系，促进公众对组织的认识、理解及支持，达到树立良好组织形象、促进产品销售的目的的一系列促销活动。

运用公共关系促销并不是要推销某个具体的产品，而是利用公共关系把经营目标、企业文化和企业形象等传递给社会公众，使公众对企业有充分的了解。公共关系促销的作用是对内协调各部门的关系，对外建立广泛的社会联系，密切企业与公众的关系，树立企业的良好形象，扩大企业的知名度、信誉度与美誉度。其目的是为企业的营销活动创造一个和谐、亲善、友好的营销环境，从而间接地促进产品的销售。

> **实用链接**
>
> 企业公共关系实质是"在商不言商"，即企业公共关系活动在形式和内容上没有任何商业气息，完全是公益性活动，这样公众才容易接受，容易理解。企业公共关系活动是"既求名又求利"。雷锋做好事不求名不为利，而企业做好事是既求名又求利。只不过"名"是指企业形象，是美誉度，是现实的、直接的，而"利"是潜在的、间接的。公众只有理解了企业，接纳了企业，才能支持企业，成为企业的顾客。雷锋做好事是默默无闻的，而企业做好事是大张旗鼓地，追求的是知名度、美誉度和更大的社会效应。

2. 农产品公共关系促销方式

公共关系主要促销方式，见表9-14。

表9-14 公共关系促销方式

促销方式	内容
交际性公共关系促销方式	交际性公共关系促销方式是以人际交往为主的实用性方式，具有直接性、灵活性的特点，尤其是通过浓厚的人情味与人际交往与公众保持联系，成为不少农产品企业和企业家的成功之道
服务性公共关系促销方式	服务性公共关系促销方式是农产品企业为消费者提供优质产品的同时提供优质服务，树立起自身的知名度和消费者的信任感，招徕更多的消费者
社会性公共关系促销方式	社会性公共关系促销方式即通过各种有组织的社会性、公益性、赞助性活动来体现企业对社会进步和发展的责任，同时在公众中增加非经济因素的美誉度来展示良好形象，促进农产品企业营销
征询性公共关系促销方式	这种方式主要通过采集信息、调查、民意测验等形式，既收集公众意见、建议、愿望等，又借此向公众传播农产品企业营销信息，扩大农产品企业的知名度，为农产品企业营销活动提供便利。
同化性公共关系促销方式	同化性公共关系促销方式由于能超然于各种利益纠纷甚至冲突之上，因而在激烈的市场竞争中显得技高一筹
情感性公共关系促销方式	情感性公共关系促销方式由于直接从消费者情感、心理需要出发，具有很大的感染力和渗透力
心理性公共关系促销方式	心理性公共关系促销方式通过打破固有思维定势、心理定势，使公众产生异乎寻常的感觉和印象，因而格外地对农产品企业和产品产生关注，引起购买欲
开拓性公共关系促销方式	这是农产品企业在初创时期采用的方式，指借助大众媒体异乎寻常的迅速方式使企业形象、产品形象在公众中一举定位，较快地打开营销局面
矫正性公共关系促销方式	在农产品企业形象受到损害时，为了校正受到歪曲的企业形象，解除公众的误解，就要使用矫正性公共关系。矫正性公共关系促销方式指及时发现问题，积极采取有效措施，纠正错误，改善不良形象，用真诚的解释和负责的态度来赢得公众的理解，最终被消费者认可。运用矫正性公共关系促销方式的关键是实事求是、以诚待人、不隐瞒不欺骗，努力在组织和公众之间架起信任的桥梁

任务2 农产品网络促销方式

9.2.1 认知农产品网络促销

1. 认知网络促销的概念

网络促销是指利用计算机及网络技术向虚拟市场传递有关农产品的信息，以引发消费者需求，唤起购买欲望和促成购买行为的各种活动。网络促销是通过搜索引擎优化、网站推广、网络广告以及营销事件等众多技术方法来做的促销。

2. 农产品网络促销的特点

网络促销突出地表现为以下三个明显的特点：

◇ 第一，网络促销是通过网络技术传递产品和服务的存在、性能、功效及特征等信息的。它是建立在现代计算机与通信技术基础之上的，并且随着计算机和网络技术的不断改进而改进。

◇ 第二，网络促销是在虚拟市场上进行的。这个虚拟市场就是互联网。互联网是一个媒体，是一个连接世界各国的大网络，它在虚拟的网络社会中聚集了广泛的人口，融合了多种文化。

◇ 第三，在全球统一大市场中进行。全球性的竞争迫使每个企业都必须学会在全球统一大市场上做生意。

3. 网络促销与传统促销的区别

网络促销与传统促销的主要区别，见表9-15。

表9-15 网络促销与传统促销的区别

项　目	网络促销	传统促销
时空观	电子时空观	物理时空观
信息沟通方式	网络传输、形式多样、双向沟通	传统工具、单向传递
消费群体	网民	普通大众
消费行为	大范围选择、理性购买	冲动型消费

9.2.2 农产品网络促销方法

常见的网络促销方法，见表9-16。

表9-16 常见的网络促销方法

促销方法	方法释义
打折促销	打折促销是最常见的网络促销了，这样需要所销售的产品必须有价格优势，这样才容易打折，或是有比较好的进货渠道
赠品促销	在客户买产品或服务时，可以给客户赠送一些产品或小赠品，来带来主产品的促销，在赠品的选择上要选一些有特色的产品，让客户感兴趣的产品
积分促销	在许多网站里面，都支持虚拟的积分，还有不支持的，可以采用积分卡，客户每消费一次，给会员累积积分，这些积分可以兑换小赠品或在以后消费中，可以当成现金使用
抽奖促销	抽奖促销也是网络上促销常用的方法，抽奖时要注意公开公正公平，奖品要对大家有吸引力，这样才会有更多的用户对促销活动感兴趣
联合促销	如果你的网站或网店与别家的，在产品有些互补性，可以联合一起做一下促销，对扩大双方的网络销售都是很有好处
节日促销	在节日期间网络促销，也是大家常用的方法，节日促销时应注意与促销的节日关联，这样才可以更好地吸引用户的关注，提高转化
纪念日促销	如果遇到了建站周年，或访问量突破多少大关，成为第多少个用户，成交额突破多少额大关，可以利用这些纪念日可以展开网络促销
优惠券促销	在网友购买时，每消费一定数额或次数，给用户给优惠券，会促使用户下一次来你这里消费，当然也达到了网络促销的目的

续表

促销方法	方法释义
限时限量促销	限时限量促销在大超市中,大家也可以常见到的,在网络促销中也可以用得上,在超市中已不让使用了,因为担心出现踩踏,在网络这种事故是不会出现的
反促销促销	声明自己的网站或网店质量有保证,从不打折促销,这样做要有一定的实力,以不促销作为促销的卖点

> **实用链接**
>
> 天猫"双十一"网络促销方法。2009年,淘宝尝试双十一概念,提出在光棍节进行大促销,当年的销售额是5 000多万元;网购狂欢节引爆了这个时间点的网络消费热情,并且一发不可收;次年"双十一",销售额再次突破9亿元大关;到了2011年,这个数字已经飙升到52亿元;热情不减,当天销售额竟然达到了令人咋舌的191亿元!天猫的商城系统历经了千万用户的严峻考验。2015年全天交易额912.17亿元,2016年交易额是1 207亿元,根据阿里巴巴官方数据显示,2017淘宝"双十一"交易额达到1 682.69亿元,2018年淘宝双十一交易额达到2 135亿元。对天猫网上商城双十一促销活动总结如下。

(1)优惠券。天猫曾派送100亿优惠券供用户收藏在"双十一"当天使用。派送优惠券的商家,既有国际大牌又含淘品牌。这一举动是天猫"双十一"打响的第一炮,提前一个月便开始在用户群体预热、传播,起到了很好的传播和宣传作用。

(2)预售。10月15日起,天猫开始预售"双十一"产品,进入预售平台付定金再付尾款即可购买。预售产品的好处很明显:缓解双十一当天压力、提前备货、更加精准锁定用户群体、有效管理供应链。可谓是业界对电商促销模式的一种新尝试与探索。

(3)抢红包。"双十一"另一大举动为抢红包,继续添油加火为网购狂欢节预热。11月1日开始,天猫、支付宝、聚划算联合推出提前充值抢红包、11.11支付宝余额支付抽现金、付定金获红包等系列活动,在活动前11天就开始引爆用户热情及活动氛围,效果明显。

(4)五折包邮。这个噱头不用多说,五折封顶就是用户为什么扎堆在双十一购买的最直观、最实际的原因。所有参与活动的产品都被系统自动标上"11.11购物狂欢节"的字样,并且承诺价格是近30天最低价,部分产品还有五折封顶的标识。"全场五折"这一优惠不得不说是直接刺激到了用户神经最敏感的部位。

(5)移动端口。手机移动端口同样出现了很多的新花样。手机下单可在整点时段参加抽红包,还能浏览最热宝贝、最八卦内容、附近的人购买(收藏)了哪些宝贝等,此举为手机用户提供了很多便利。

9.2.3 农产品网络促销的实施程序

1. 确定网络促销对象

网络促销对象是针对可能在网络虚拟市场上产生购买行为的消费者群体提出来的。随着网络的迅速普及，这一群体也在不断膨胀。这一群体主要包括三部分人员：产品的使用者、产品购买的决策者和产品购买的影响者。

2. 设计网络促销内容

网络促销的最终目标是希望引起购买。这个最终目标是要通过设计具体的信息内容来实现的。消费者的购买过程是一个复杂的、多阶段的过程，促销内容应当根据购买者所处的购买决策过程的不同阶段和产品所处的寿命周期的不同阶段来决定。

3. 决定网络促销组合方式

网络促销活动主要通过网络广告促销和网络站点促销两种促销方法展开。但由于企业的产品种类不同，销售对象不同，促销方法与产品种类和销售对象之间将会产生多种网络促销的组合方式。企业应当根据网络广告促销和网络站点促销两种方法各自的特点和优势，根据自己产品的市场情况和顾客情况，扬长避短，合理组合，以达到最佳的促销效果。

网络广告促销主要实施"推战略"，其主要功能是将企业的产品推向市场，获得广大消费者的认可。网络站点促销主要实施"拉战略"，其主要功能是将顾客牢牢地吸引过来，保持稳定的市场份额。

4. 制定网络促销预算方案

在网络促销实施过程中，使企业感到最困难的是预算方案的制定。在互联网上促销，对于任何人来说都是一个新问题。所有的价格、条件都需要在实践中不断学习、比较和体会，不断地总结经验。只有这样，才可能用有限的精力和有限的资金收到尽可能好的效果，做到事半功倍。首先，必须明确网上促销的方法及组合的办法。其次，需要确定网络促销的目标。第三，需要明确希望影响的是哪个群体，哪个阶层，是国外的还是国内的？

5. 衡量网络促销效果

网络促销的实施过程到了这一阶段，必须对已经执行的促销内容进行评价，衡量一下促销的实际效果是否达到了预期的促销目标。

6. 加强网络促销过程的综合管理

促销活动的终极目标是销量，但是也不能只看到销量，通过活动我们可以看的数据很多：流量、跳失率、转化率、客单价，这些数据都是非常有用、非常值得我们深入分析的。哪些数据好，哪些数据差，为什么差？都可以在今后的活动中加以改善和优化。毕竟只有了解了用户喜好和需求，才能做到迎合他们的胃口，才能赢得市场。

项目案例分析

农产品 + 网红直播 + 电商平台

2016年5月24日,明星柳岩在阿里巴巴聚划算平台进行的一场直播。明星柳岩在这1小时里,推荐了艺福堂蜂蜜柠檬片、楼兰蜜语枣夹核桃等商品。在1小时的时间里,柳岩以聚划算消费者的身份,与网友分享自己的剁手经验,并亲自介绍这些商品。据统计,本次直播观看的人数接近12万人,直播结束后的产品页面显示:枣夹核桃卖出2万多件,柠檬片卖出4 000多件。

辩证性思考

谈谈你对"网红"促销的看法。

资料来源:搜狐网http://www.sohu.com/a/125956760_379553

项目检测

营销知识目标检测

1. 什么是农产品促销?
2. 人员推销的基本形式有哪些?
3. 简述农产品广告促销设计的操作程序
4. 农产品营业推广的基本形式有哪些?
5. 农产品公共关系促销方式有哪些?
6. 农产品网络促销方法有哪些?

营销能力目标检测

检测项目:选择一家农产品生产企业,对该企业进行农产品促销策略分析。

检测目的:通过检测,进一步熟悉、掌握农产品促销策略的操作方法,能够进行农产品促销策略的分析与运用。

检测要求:由班级学习委员组织全员分团队对农产品促销策略进行分析、讨论、交流,教师进行评价。

参考文献

[1] 刘厚钧. 食品营销[M]. 北京：电子工业出版社，2017.

[2] 张小平. 农产品营销[M]. 北京：中国农业出版社，2017.

[3] 林依强. 雷凤燕. 农产品营销[M]. 成都：西南交通大学出版社，2016.

[4] 陈国胜. 农产品营销[M]. 2版. 北京：清华大学出版社，2014.